Kunstenaars willen dorp in havengebied behouden
Stop Progil
OVER ENKELE JAREN IS ALLES HERINNERING
25 jaar culturele kruisbestuiving
Plan voor atelierruimte tussen de zandhopen
"Artistiek bolwerk tegen de zandspuiters van PW"
Zandspuiters verdrijven boeren uit verloren houtrakpolder
IK GA PAS ALS DE DRAGL
VOOR MIJN DEUR STAAT
RUIGOORD: „Een eiland in de polder in de industriële stor
Haarlemmerliede houd industriegordel tegen
KUNSTENAARSKOLONI RUIGOORD
ON
RUIGOORD MOET WEG
maar laatste bewoners willen nie
KOM naar RUIGOORD
Het dorp wordt onder zand bedolven voor een chemies industriegebied
uigoord be
KUNSTENAARS TEGEN SLOOP VAN GEHUCHT
1969-1972
Eindelijk! Sint Jutte Mis
PARADISO
MIDZOMERVLIEGERFEEST
SPEKTAKULAIRE OPRUIMING
AMSTERDAMS BALLON GEZELSCHAP
GEKOSTUMEERD VOORSPEL
NU SLECHTS 17,50
28 DEC. 1994
28-29-30 AUG 1987
GRAND BAL MASQUÉ
paradiso
LANDJUWEEL 3 RUIGOORD
PARADISO
AMSTERDAMS BALLON GEZELSCHAP
INTERGALAKTIES OERFEEST
Amsterdam Balloon Company
RUIGOORD
Amsterdam Baloon Company
Bohemian Mystery School
Why Not Theatre
PUSHKAR
31.12.1980
BAL MASQUE
MIDZOMERVLIEGERFEEST
zat 19 zon 20 juni aanvang 14.00 uur
naast amstelpark ingang europaboulevard
amsterdams ballon gezelschap
bosch vlieger genootschap
stad radio amsterdam
zomer straat theater
AMSTERDAMS BALLON GEZELSCHAP
LANDJUWEEL 2000
RUIGOORD
1·2·3·4 SEPT 90
FREIRAUM
amsterdams ballon gezelschap
Midzomer vliegerfeest
op zondag 19 juni 1977
van zonsop- tot zonsondergang
op de Gaasperweide naast de Bijlmermeer
bereikbaar met bus 20 en 25
Amsterdams Ballon Gezelschap
midzomervliegerfeest
FLEVOLAND - VLIEGERLAND
amsterdams ballon gezelschap
TANNHAÜSERFEEST
PARADISO
AMSTERDAMS BALLON GEZELSCHAP
VOLLE MAANS FEEST
28 DECEMBER 1993 · ZAAL OPEN 21.30 UUR
The magic bus
BAS LUBBERHUIZEN

VOORBEREIDINGSBESLUIT
AANGENOMEN

Aanleg industriegebied weste
van machineweg tegengehoud

Gemee... klaa

grens v... rdan

AMST... SE

MOED NIET OP

Mini-gemeente stopt groei van
Amsterdams industriegebied

Miljoenendans ron

Zondagmorgen om tien uur wordt

MANTELING VAN RUIGO

Vriendelijk

Verz
Ams
over

Sint Gertrud
voor het laa
Pastoor Van Di
... ette

ONFLICT MET PROVINCIE
ennemerraad wijst
steekhaven af

'Beslu
VERN
VAN E

lied ... houdt
del ... egen

Ruygoord b

drei

krakers en

STERVEND PLAATSJE OVERWOEKERD DOOR GROEN

Ruigoord, meest bizarre
dorp van Nederland

„Zingen doen we allee
als we dronken zijn"

HET DORP DAT VERDWI

MET ALGEMENE STEMMEN

INGRIJPEN UDINK GEVRAAGD

GS ... vernietiging ... beslissing ... wil

...EFT

Burgemeester van Haarlemmerliede: G-S. VAN NOORD-HOLLAND WILLEN SCHORSING VAN RAADSBESLUIT

Amsterdam landhonger gaat Halfweg te ver

...dam struikelt ...eine buur

...l een woestijn

...e laatste mis opgedragen

...ORD IS NIET TE STUITEN

spookdorp

...erkje Ruijgoord voller dan ooit

„Ik wist er niet goed raad mee"

Verbitterde strijd met H'liede over Ruygoord

Optimisme werkgroep:
EEN DEEL VAN RUIJGOORD GESPAARD

...ezet door

'Groene' bestemming omstreden gebied

...atste dagen van pas...

...kunst...

...STERDAM WIL POLDER OPSPUITEN

...arlemmerliede vecht fel ...or laatste stukje groen

...EN

Dit verhaal is geschreven door het te leven, een reis door de tijd, een reis als kunstwerk, door werelden van verschil. Het produkt is een proces, het levenskunstwerk van velen, een kaleidoscoop van emoties, indrukken, verhalen en beelden. Het gaat over Ruigoord, bloem ontsproten uit het zaad van de jaren zestig. Het gaat over het Amsterdams Ballongezelschap (ABG) dat, altijd uitzwermend over de wereld, kruisbestuiving mogelijk maakt door terug te keren naar het middelpunt van waaruit de reizen worden ondernomen. Ruigoord, de meest vrije ruimte op deze planeet, cultuurgebied waar de natuur zijn gang kan gaan, zal behouden blijven.
Maak het mee. Met het ABG gaan wij een ontdekkingsreis maken. De luchtbus zal ons reisgezelschap ver voorbij gebaande wegen voeren. Route, tijd en doel zijn open. Onze reis zal langs vele geheimzinnige plaatsen leiden, vol magie en muskieten, wijsheid en waanzin.

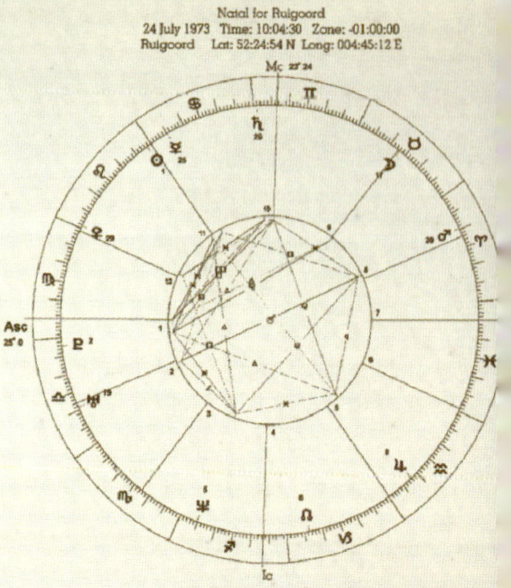

Straks spui
RUYGOO
HAARLEM
,Een

ze de Bavo in Haarlem ook nog onder
VECHT DOOR TEGEN AMSTERDAM
LIEDE VECHT VOOR BEHOUD RUIGOORD:
trijd op leven en dood"

RAADSLID VAN DUYN:
SLOOP RUIGOORD
NOG NIET NOD

SLOOP VAN KERKDORP
OP NIPPERTJE GESTO

Amsterdam struikelt over kleine buur

AMSTERDAM VREET AAN HAARLEMMERLIEDE

PROTESTFIETSERS STREDEN MET MOTREGEN EN WESTERSTORM

Barre fietstocht naar Ruigoord

Stichting tot behoud

PPR: Ruigoord moet woongebied worden

AMSTERDAM: NIEUWE HAVEN 'STAKINGSVRIJ'

De Amsterdamse mallemolen

Appel voor Ruigoo

Omstrea plan kon voor Ra van Stat

'Insteekhaven helemaal niet nodig'

Kunstenaars kraken pastorie en woning

Beleg en telefonisch ontzet van Ruigoord

„Polderlandschap mag geen zandwoesti

Amsterdam dreigt Halfweg met claim voor planschade van honderd miljoen

1973

Ruygoorddebat had voorloper in de raad

Naardermeer was bijna

Dwerg stopt Reus Amsterda

Haarlemmerlied

ezwaren tegen

nsterdam loopt vast op

lobil-uitbreiding

rd in oprichting

jters kiest de kant van Haarlemmerliede

RGEMEESTER
IKALDEN:
k ben
rbijsterd"

RGEMEESTER
ELMUIDEN:
Dit had ik
rwacht"

den"

Amsterdam moet niet groter maar leefbaarder worden

Ruigoord illegaal van de kaart geveegd

aarlemmerliede noemt
viele vordering
„poging tot intimidatie"

Nog meer groen onder zeezand?

Beslissing minister zet kwaad bloed bij GS

oil als teken aan de wand

liever goedkoop in de tram dan zand over ruigoord

Voortgejaagde zigeuners krijgen slechts half jaar resp.

De wegwerpmensen van Ruigoord

Gruijters

RUYGOORD VREEST AMSTERDAM

Dorp wil met feest industrie bezweren

DE NATUUR VERDWIJNT UIT HET LANDSCHAP

'VOLKSFEEST OP 26 AUGUSTUS'

Speeldorp opent in Ruigoord

… in Ruigoord

Kritiek van Ruigoorders op sloopmethode Amsterdam

Raad Halfweg unaniem voor tegenhouden verder opspuiten door hoofdstad

In Ruygoord groeide een echte Pastorale

En er was voor hen geen plaats meer in de herberg"

Zigeuners van tenten naar Ruigoord

„Ik gunde het die smerige krakers niet"

Na vlucht naar Ruigoord

De gemeente Haarlemmerliede, onder aanvoering van haar nieuwe burgemeester IJsselmuiden, afkomstig uit Zeeland (een eeuw geleden kwamen ook veel mensen uit Zeeuws-Vlaanderen naar de IJpolders), vindt het al lange tijd mooi genoeg. Er is 'n nieuw streekplan gemaakt, waarin 't industrieterrein tot aan de zgn Machineweg loopt en niet verder. Symboliek: de machine wordt aan de Machineweg tot stilstand gebracht.

In de tijd dat er nog geen Club van Rome was, dienden socialistische stadsbestuurders Amsterdam een paar oppeppende shots toe ter stimulering van de industriële expansie. Groene IJpolders zouden bedrijvige industrieterreinen worden en werden volgespoten met zeezand. Maar de industrie kwam niet en Dennis Meadows' rapport aan de Club van Rome is er inmiddels wèl. Midden in de zandvlakte ligt nu het bedreigde dorp Ruygoord, van waaruit een groep milieuactivisten probeert te redden wat er te redden valt.

Zoals de moderne oorlogsvoering een taalgebruik heeft gecreëerd om haar onmenselijk karakter te verhullen, overkill = uitmoorden; anti personnel weapon = dumdum granaat , zo heeft ook de economische agressie haar eigen eufemistisch woordgebruik geschapen. Blader in de nota Herziening Streekplan voor het Noordzeekanaalgebied 1972 en doe een willekeurige greep in de grijze woordenbrij: "groenzone en groenschermen", "niet hinderlijke bedrijven en instellingen", "afscherming van overlast veroorzaakt door de primaire bestaansbronnen" etc.

Zie het herziene aanvalsplan dat de Amsterdamse overheid ten behoeve van haar naar het westen oprukkende industriefront heeft laten opstellen. De aanval, begonnen in 1968, leek, letterlijk, te verzanden en er was een nieuwe injectie nodig. Vandaar een herziening van het oorspronkelijke concept.

De Zandvlakte waarop straks, ten bate van de Amerikaanse, Duitse en Japanse grootindustrie, met subsidies van de Nederlandse belastingbetaler, een industriestad zal moeten verrijzen, reikt nu tot ver over de stadsgrenzen, voorbij Halfweg, diep in de IJpolders. De Houtrakpolder is bijna geheel geabsorbeerd. Ze was precies honderd jaar oud. Een eeuw infrastructuur ligt daar onder het zand bedolven. Radicaal ausradiert.

Wat is het Amsterdams Ballongezelsch

Een zweverige schijnbeweg vrijheid in het luchtruim n waarvan een ieder die b ballonnen, vliegers, vogels geluidloze hemelvoertuigen aarde, sterren, kometen etc.) kan beschouwen.

Ballonnen bo

Minister van Doorn v

ven Ruigoord

Ruigoord elders opzetten

RUZIE IN RUIGOORDS EIGEN BOEZE

De agressor bedient zich, om zijn ware gedaante te verhullen, ook van visuele middelen. Er zijn al toeristenkaarten in omloop waarop het dorpje Ruygoord, dat in de Houtrakpolder lag, niet meer voorkomt, noch de weg die er naartoe leidt. Toch bevinden wij ons daar op dit ogenblik. De zon schijnt. In de bomen rondom de kerk koeren duiven, er strijkt een bij neer op dit blad papier. In het veld naast het huis mekkert een geitje.

Nog vijftig krakers en 'gewone mensen' zingen het uit in stervend kerkdorp

Vrede en rust alom. Waarom dan deze suggestieve militaire beeldspraak? Omdat hier een oorlog aan de gang is.
Harry Mulisch, die laatst een kijkje kwam nemen, noteerde in het Algemeen Handelsblad: "De godsdienst wijkt voor de oprukkende technologie, maar de kunst ligt op de loer om in de kier tussen die twee te springen."

Kort geleden verscheen er een artikel over de economische annexatie van grote delen van Uruguay door Brazilië. Daarin werden de tactieken beschreven waarvan de Braziliaanse economie zich bedient. Precies dezelfde methodes past Amsterdam hier op het grondgebied van Haarlemmerliede toe. Industriële expansie is agressie, is usurpatie, is vernietiging van het Andere ten behoeve van het Eigen. Dus oorlog. Het vuile werk aan het front wordt door Publieke Werken opgeknapt. Huizen en bedrijven worden opgekocht, gesloopt of onbewoonbaar gemaakt, goede landbouwgrond wordt vernietigd. De onderhandelingen met de bevolking worden gevoerd door ambtenaren. Die mensen zijn ook maar gestuurd. Leuk vinden ze het zeker niet. Maar waarom intimideren ze dan? Waarom maken ze gebruik van gemene foefjes en kneepjes? Waarom proberen ze stelselmatig te weinig te betalen? Ambtenaren zijn toch "civil servants"? Dienaren van de gemeenschap? Waarom wordt er dan gesproken over "zij" komen? Waarom zijn "ze" niet te vertrouwen? Waarom durven de mensen uit angst "niks" te zeggen? Waarom wordt het dak van een huis gesloopt terwijl de bejaarde bewoners hun laatste spulletjes nog bij elkaar zoeken? Omdat vernietiging als handwerk besmettelijk is. Het mechanisme dat van dienstplichtige mannen moordenaars maakt is ook hier aan het werk. Wie gedwongen wordt te vernietigen raakt vervreemd van de wereld en van zichzelf

Het is een bekende krijgstactiek om de plaatselijke bevolking in te schakelen bij het verwoesten. Veel mensen uit de IJpolder, waar het ene bedrijf na het andere verdween, vonden werk op de zandauto's, de kranen, of als slopers. Zo hielpen ze mee hun eigen geboortegrond van de kaart te vegen. Logisch dat ze hun mond hielden.

Gedurende 2000 jaar was Ruygoord een veenklomp in het IJ, in verband met de stromingen van groot belang voor de hele Hollandse waterhuishouding. Het eiland is honderden keren overstroomd geweest. Pas in 1872-73 (een eeuw geleden) toen het IJ werd ingepolderd kon er een dorp worden gevestigd. Nog steeds spreken de mensen in de polders over het Eiland. Woon je op het Eiland? Kom je van het Eiland? Oud Eilanders, verdreven naar omliggende dorpen en steden, komen er nog altijd terug. De bakker woont nu in Noordwijkerhout, maar hij bezorgt nog steeds in de polders en komt iedere dag in het dorp. Zijn zoontje van een jaar of veertien brengt er zijn vakanties door. En zo zijn er velen.
Er is iets met het Eiland aan de hand. Je merkt het zelf als je er bent, je merkt het aan de bezoekers. Er gaat van dat stukje grond een soort kracht uit. Noem het magie of karma.
2000 jaar eiland, 100 jaar ingepolderd, maar altijd Eiland gebleven en nu weer eiland geworden. Een groene plek ter grootte van een postzegel, al niet meer op de kaart te vinden..
Het werd dus zomer en de Amsterdamse stadsbestuurders gingen met vakantie.

Ruigoord wordt langzaam stiller

Er was maar één oplossing. Kraken. We verzekerden ons van de modernste wapens: pers en politici.
We zijn niet alleen in de kier tussen kerk en industrie gesprongen, maar ook in een gezagsvacuüm dat zo groot was dat we heel Amsterdam wel hadden kunnen overnemen. Hetgeen we niet gedaan hebben. En ook niet wilden.

We willen alleen maar, zo lang dat mogelijk is, Ruygoord laten leven. Want in Ruygoord is iets te vinden dat in heel Nederland voor geld niet meer te koop is: stilte. Krekels, kikkers en koekoekken zijn de hoofdbewoners van dit dorp en zij houden niet van lawaai. Daarom leggen we een parkeerterrein aan, in de hoop het dorp autovrij te kunnen maken. We oefenen ons in het buitenleven: we hooien, maaien, zaaien, snoeien, planten, poten en oogsten. Bovendien schrijven we, houwen we beelden en schilderen we kunst, En we proberen de gemeente Haarlemmerliede te helpen bij haar pogingen om de machine bij de Machineweg tot stilstand te brengen.

Eeuwenoude kans bij Ruigoord gevonden

Amsterdamse patriotten vechten in Ruigoord tegen slopers en Amsterdamse regenten

In Amsterdam is het Comitee 2000 opgericht, dat zorg draagt voor magnifieke festiviteiten rond het jaar tweeduizend. Het comité heeft vele illustere leden en is wereldomvattend. Het doel is de obstakels op te ruimen die het grote millenniumfeest in de weg staan.

„Liever windmolens dan rijtjeshuizen

‘Kleine utopie in
de grauwe werkelijkheid’

De Magic Bus leek dood

Bewoners maken alternatief plan
‘RESERVAAT EN HEUVELS BIJ RUIGOORD

Ruigoord is nog geen paradijs…

Krakers kraken elkaar

1976

KUNST is alleen KUNST als er KUNST op staat

CIMENT LAFARGE PALM
MAil-ART
STEDELIJK MUSEUM
Paulus Potterstraat
AMSTERDAM
PAYS-BAS.
t.a.v. M. Reneman. tel. 020-238051.
De Keerkring
Gelieve bij aankomst op SCHIPHOL onderstaand telefoonnummer te bellen
wordt dan afgehaald
Bij voorbaat hartelijk bedankt A.B.G.
AFZENDERS:
LE PALMIER
CASABLANCA
maar leve de bus
Amsterdam krijgt
internationaal vliegerfees

EEN POST-APOCALYPTISCHE OASE

Een eeuw geleden werd op het voormalig eiland Ruigoord een dorp gebouwd voor boeren en landarbeiders. Zo'n vijfhonderd mensen woonden hier. Zij bouwden hun eigen kerk, een school, winkels en café's.

Als een groep kunstenaars in 1972 Ruigoord ontdekt, staan er nog zo'n twintig huisjes en de kerk. Enkele dorpelingen hebben zich niet laten verdrijven en zijn blij met de steun van de Amsterdammers die het niet met de ongebreidelde expansie van hun stad eens zijn.

De pastoor van de St. Geertruidakerk is gebroken door de vernietiging van zijn dorp en geeft de sleutel van de kerk aan de actievoerende kunstenaars. Na een korte fysieke en lange politieke en juridische strijd trekt Amsterdam zich terug uit de restanten van Ruigoord en de omliggende gebieden. De lege huizen worden bezet en opgeknapt. De kerk wordt het culturele centrum: talloze kunstenaars en groepen werken hier samen met de Ruigoorders.

Sindsdien worden vele kinderen geboren op ons eiland, de natuur heeft zich uitbundig ontwikkeld en het opgespoten land is veranderd in een oase voor zeldzame en bedreigde plant- en diersoorten en mensen. De autochtone families beginnen al snel te wennen aan de nieuwe bewoners.

Er ontstaat een bijzondere sfeer, een combinatie van milieubewustzijn, zelfbestuur en creativiteit. De Ruigoorders zien zichzelf als "een verbond van scharrelmensen in een culturele vrijhaven".

1977

Het raadsel van Ruigoord

De verschrikkelijke sneeuwvrouw

een speurtocht

Eens in een nabij verleden... Deskundologen, d.w.z. onderzoekers van de kennis van kenners, hebben tijdens een luchtexcursie foto's genomen van geheimzinnige reusachtige voetafdrukken in de pampa's rond Ruigoord. In hun deskundologisch laboratorium, waarbij zij hun eigen maatstaven gebruiken, voelen zij met hun klompen aan, dat hier minstens voetsporen van een verwant van de Yeti of de Bigfoot of Patagonen zijn waar te nemen. Zij besluiten tot een expeditie.

Koortsachtig worden de laatste toebereidselen getroffen. Elke vierkante meter moet worden onderzocht, dus wordt de hele voorraad wichelroeden en pendels ingepakt. Ook de mobiele deskundologische snuffelpaal, die impulsen doorseint naar instinct en intuïtie, wordt opgepoetst en in zijde gewikkeld. Tenten, dekens, kachels en verrukkelijk vulsel voor keel en maag gaan in de laadbak.

Het is midden in de winter, vrijdag de dertiende januari. Kwartiermakers zetten de tenten op en uit het dorp komen autochtonen, die bij het horen van het doel van de expeditie met graagte hun diensten aanbieden. Een van hen vertelt dat hij op zijn zwerftochten een bouwsel als een tempel uit de oertijd heeft aangetroffen en een soort grote legerstede, ergens bij het meer. En ook de voetstappen kent hij. "Ik voel het aan mijn water," roept hij, "het is een vrouwelijk wezen. En ze is verschrikkelijk slim, ik zou haast zeggen magisch."

Een dorpsbewoonster vult aan dat ze tijdens een tocht op de vlakte eens een visioen heeft gehad. "Ik sliep niet helemaal, want ik hoorde het zoemen van de bijen en soms een vogel. Heerlijk. Ik was hartstikke high. Toen zag ik plotseling door mijn gesloten oogleden een vrouw door het riet komen. Ik schrok niet want ze straalde vreedzame bedoelingen uit. Ze zag er fantastisch uit, ze had een soort pantervacht en lang haar, grote borsten en een heel vreemd, maar fascinerend gezicht. Een kruising tussen een poolwezen en een exotische jungleprinses. Ze vertelde in klanken en gebaren dat deze delta's haar paringsgebied zijn en dat het eertijds zo idyllische en wilde Holland veranderd bleek te zijn in een volledig gecultiveerd landschap, waar geen stille, wilde plekken meer bestaan. Tenslotte bleken de ongerepte pampa's op de voormalige IJ-bodem de laatste plaats waar ze vreedzaam en ongestoord kunnen paren. En," zei ze, terwijl ze verdween tussen het riet, "onze paring kondigt veranderingen aan. Grote klimatologische veranderingen.

Een nieuwe ijstijd wellicht, waarin delen van de wereld onder het ijs zullen verdwijnen. Op andere plaatsen zal het smelten en daar is nieuw, prachtig

land en moeten we ons kind ter wereld brengen. Het rad van fortuin moet draaien." En met deze geheimzinnige woorden verdween ze. Met dergelijke verhalen vordert de nacht en de volgende morgen komt de hoofdmoot van de expeditie aan. Een grijze dag zonder zon, maar niet bijster koud.

De sjamanenkenner en Belgische professor Belzenbup, een liefhebber van de sneeuwmens, geeft het sein tot de speurtocht, getooid met felrode rugzak. “De sneeuwmens leeft op een dieet van ginsengwortel, korstmos en vliegenzwam, allemaal gewassen van het Noorden,” oreert hij. De dag gaat verloren aan zwervend gezoek en de nacht valt al grijzer dan grijs. De deskundologen hijsen zich vol met een drank, naar oeroud recept, met o.m. “hersenschimmels”. Men zit rond de vuren.

Dan openbaart zich het wezen, binnen de lichtcirkel, maar ongenaakbaar. Uit haar gebaren spreekt liefde. Maar als een fotograaf klikt, verdwijnt ze. Zelfs de

honden, speurders bij uitstek, kunnen haar niet achterhalen. Een ijzige wind steekt op en dooft de vuren. Slapen is wat overblijft.

De aanhouder wint, vooral in de magie. Ondanks de snerpende kou geven de snuffelpaal en wichelroedes aan in welke richting moet worden gespeurd. Bevroren neuzen of niet, naar het oosten wijzen de stappen. In waaiers dwaalt men meerwaarts en ontwaart daar een oertempel. Daar aangekomen heffen de kinderen onder de deskundologen een kindergezang aan. En zie… daar snelt ze als een hert door het riet, met gratie, haar twee rode borsten dansend op haar gespikkelde vacht. Dan komt ze naderbij en laat zich aanraken door de

kinderen. De taalman uit het gezelschap herkent haar klanken als oerkeltisch en vertaalt haar vriendelijke boodschap voor ons: hoe ze leeft van haar oerdieet en met moeite de ruigte gevonden heeft, noodzakelijk voor de broedplaats van de sneeuwmens. Ze hoopt te kunnen overwinteren hier, ondanks het gebrek aan wild land, tot haar man komt met zijn liefde. Als haar gevraagd wordt of zij instemt frigidair te kijk gelegd te worden in het stedelijk museum, stemt ze toe, na innerlijk overleg met de geesten van haar grootouders. Want zo verschrikkelijk eenkennig is de verschrikkelijke sneeuwvrouw niet: ook zij droomt van een natuurlijke aarde, met vrienden alom.

Een gezamelijke rondedans bezegelt de afspraak…

Kwam zij mee met de Brabantse arbeiders, die het eiland Ruigoord kerkerden ten behoeve van het Noordzeekanaal? Of was zij al beschermvrouwe van de streek rond de Houtrak, omdat de Stompe Toren in Spaarnwoude al eeuwen haar is toegewijd? In ieder geval is zij een rijkgeschakeerde dame, die leefde van 626 tot 659 en stamde uit het geslacht der Pepiniden, waaruit ook Karel de Grote voortkwam. Deze Frankische adel paste een strategie toe van kerstening door het stichten van kloosters die tevens als burcht dienden. Haar naam dankte ze aan de Walküre Gertrud, die met haar "ganzenvoet" de slapenden op de borst stampte en zo nachtmerries veroorzaakte. Als kind al werd ze abdis van Nijvel en zelf bouwde ze kloosters, o.m. in Tongeren. In de vroege Middeleeuwen was zij razend populair, totdat Maria de voornaamste heilige werd. Zij moest de Germaanse godin Freija vervangen, o.a. in een heildronk die "Sinte Geerteminne" ging heten. Ook verving ze Hella ("Vrouw Holle"), de godin van de dood. Wie stierf, diens ziel ging eerst naar haar en zij bracht die dan naar de hemel. Zo werd zij ook de heilige van de lente en van de muizen, die op haar feestdag, eind februari, terugkeren naar de velden. Haar zilveren schrijn in Tongeren is bezaaid met muizen en op de staf van haar beeld, dat vroeger in de kerk van Ruigoord stond, klimmen ratten omhoog. Wie last had van deze diertjes, schreef dat op een briefje en begroef dat naast de muur van het kerkje. Dat hielp echt!

We weten ook dat zij gold als de patrones van de varenden, zowel van binnen- als buitenvaart, die toendertijd weinig verschilde. Later heeft zij die rol moeten afstaan aan Nicolaas. Bij leven had zij de faam een kenner te zijn van zowel de theologie van Rome als die van Ierland. De Ierse theologie werd voornamelijk door vrouwen bedreven en aan het einde van de zevende eeuw door Rome in een kerkvergadering genekt. Zo kregen de mannen het in deze streken voor het zeggen. Ook het liefdesleven van Geertruida is opmerkelijk. Toen zij erachter kwam dat een ridder op haar verliefd was en zijn ziel aan de duivel had verkocht voor een nacht met haar, nam zij het initiatief en verleidde hem tot god, waardoor zij de duivel in het ootje nam en de ridder redde. Maar ze bleef wel ongetrouwd en behield haar vlies, ter meerdere heiliging. Kort na het kraken van Ruigoord noemde De Waarheid de krakers: "de kleine Amsterdamse rattenbrigade." Gertruida is met genoegen onze patrones.

Van de walsende dansschool

via de briesende Selfkicker

de schilder die het schaamhaar

van zijn lief schoonlikt van slagroom

Sinterklaas die midden invalt

zanger Tax, net bankroet terug uit Mexico

en Mathilde Willink die wegblijft

tot het nonnenkoor dat uit de kleren gaat

en de messenwerper die net niet mist:

één katharsis van tierend totaaltheater

1977

IJsselmanden over Ruigoord.
"Geen afbraak zonder andere huisvesting"

Bewoners ke

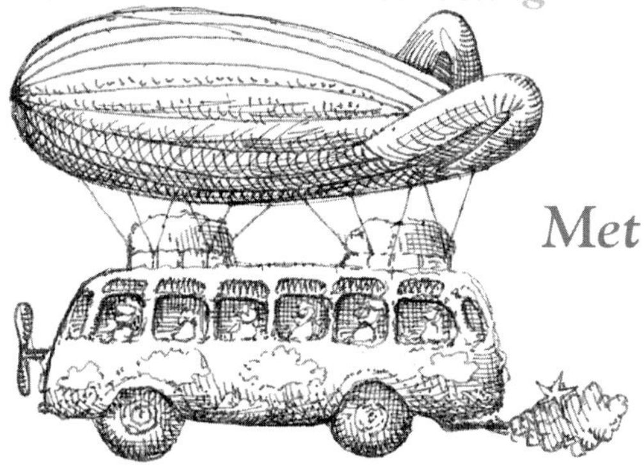

Met het Amsterd

Het rommeldam van Amsterdam. In de bovenkamertjes komen mensen met dromen elkaar tegen. En leveren de aanlegsteigers voor de feesten van de verbeelding. Provo, Surrealisties Verband, Eksoties Kietsj Konservatorium.

Het is geen inteelt van museale krachtpatserij, maar de uitstort van straatgevoelens. Terwijl de techneuten de tekentafels beheersen, laat de kunstenaar zijn penseel vlinderen over de straatwand. Vlindervleugels in pruisisch blauw op de Waag, tussen de I. en de S.: de Insektensekte. "Moeder, waar zijn de vlinders henen," zingen we.

Ruigoord: recreatie op ondergespoten terreinen

Het Midzomervlie

Wat en waarom iets verdwijnt of verschijnt, dat moet worden onderzocht. Niet uit de papieren, maar in de open lucht. Terug naar de eigen maatstaven: met de klompen aanvoelen, wat niet boven de pet gaat. Want is de wereld niet de kaartenbak van Plato, waaruit de verbeelding weg is gesorteerd? En wat hebben we aan leven als buiten de mens niets meer leeft? We zien dat de speelruimte inkrimpt en kunst dient voor de groei van de koopkracht van het kapitaal.

Afschermend groen in plaats van
Statenleden bepleiten behoud

Voor luchtspiegelingen moet je oog hebben. Als de deskundologen in het Gat van Appel ondervinden, via potscherf en vissengraat, dat de oergrond van Amsterdam klaarhelder water is, spiegelen zij zich luchtwaarts en zien de zeepbel van de zachte luchtvaart. Wie niet weet dat tegenwind de vlieger doet stijgen, moet helaas met beide benen op de grond blijven. Met voelsprieten van de vliegers gaan we de hoogte in, naar achter de hoogtezon. Voelen er de vier windrichtingen: Ruigoord, Buitenveldert, Bijlmer, Almere. Van nieuw oud land naar nieuw nieuw land. Nederland is bijna klaar!

Niet iedereen gelukkig met ballongezelschap

Ach, kleine turbulentie in de kaalslag der sterren. De luchtballon heeft alles te overstijgen. Een liter helium is een kilo hefkracht. Warme lucht, gevangen in papier, helpt een dot brandende watten omhoog. Zo stuur je een ster naar de sterren.

RIJKS PLANOLOGISCHE COMMISSIE:
Voeg Ruigoord bij recreatiegebied

BRIEF AAN PROVINCIAA
Gemeente: vestig rond Ruigo

Het zweeft de polder uit

Van der Knoop: idee een illusie

pleiten voor beplanting

Recreatieplan voor Ruigoord kansloos

ZACHTE LUCHTHAVEN IN BIJLMER

longezelschap mee de lucht in

Vliegerfeest zomers bloot trekt bekijks

sen, tamelijk prettig gestoorden en ballongezelschap op Almeers strand

"Zachte luchtvaart" hard getroffen

Vliegeren als vorm van kunst

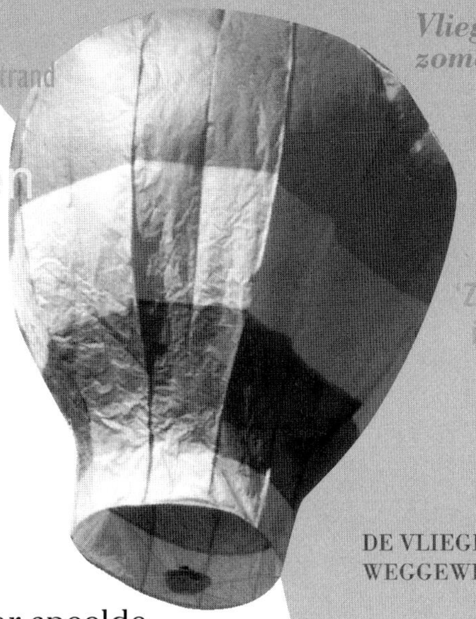

'Zachte luchtvaart' herleeft in Midzomervliegerfeest

DE VLIEGER IS TERUG VAN WEGGEWEEST

...EN NAAR 'T NIEUWE LAND'

Het is het tweede vliegerfeest. Vorig jaar speelde het zich af op net zo'n veld als nu, braakliggend havenindustriegebied rond het dorpje Ruigoord. Het feest betekent dan ook een teken dat daarop wijst: "om de beperkte ruimte in ons propvolle landje tot nut van het algemeen te gebruiken." Het feest moet, zo blijkt uit een introductiebijeenkomst dinsdagmiddag op het toekomstig vliegerterrein, gezien worden als een gebeuren dat onstaat, op "de fundamenten van het atoomtijdperk. Een fata morgana, een flits van een ander levensperspectief, waarin niet het probleem centraal staat, maar lol in de vrijheid. Niet een feest dat tot doel heeft een of ander goed doel te steunen, maar een belangeloze concentratie van doelloosheid, met als doel, een zo groot mogelijk aantal aanwezigen in opperste gelukzaligheid te brengen uit een behoefte naar vrijheid om de ruimte te vullen met dingen die niet verzieken en vervuilen." Er wordt op op dc midzomerdagen ook gevliegerd.

"De vlieger is bovendien, een draadverbinding met de ruimte, een spel met de elementen dat geen geld kost en wellicht daarom in de vergetelheid is geraakt."

Tentenkamp omgewaaid

trie Ruigoord

STUUR NOORD-HOLLAND

lleen vriendelijke bedrijven

Amsterdams Ballon Gezelschap gaat vliegeren in Griekenland

Hun namen, vinden zij, doen er niet zoveel toe. Zij zijn een groep Nederlandse kunstenaars, maar hier, aan de andere kant van de wereld, kent niemand hen. In Azië zijn ze anoniem; ze kunnen niet teren op een naam of op een verleden. In India kun je gemakkelijk in de massa verdwijnen. Je slaat een kleed om, doet wat as op je gezicht en je bent een van de miljoenen rondtrekkende naamlozen.

De groep vertrok twee jaar geleden uit het dorp Ruigoord, in de oude Magic Bus herboren als luchtbus. Sindsdien is men op reis. Overal waar zij komen verzorgen ze optredens: in Joegoslavië, Griekenland, Turkije, Nepal, India. Zij hebben hun teksten vrijwel allemaal in het engels vertaald. In Perzië presenteren ze zonder probleem gedichten van Van Ostaijen of Vinkenoog. Dat blijkt heel goed te werken: er bestaat kennelijk een universele kunstvorm, die iedereen begrijpt.

De samenstelling van de groep wisselt steeds: er komen en gaan mensen, het aantal reizigers varieert van vijf tot veertig. Als ze voor een paar maanden ergens neerstrijken, waar ook ter wereld, dan spoeden zich tientallen vrienden uit Nederland naar die vaak beeldschone plek, om daar samen met kunstenaars van het betreffende land een voorstelling te maken. Op deze manier leren ze andere culturen intensief kennen. Of, zoals een van de reizigers het uitdrukt: "Je leert door alle verschillen heen de mensen kennen in hun diepste wezen: hun schoonheid en hun cultuur."

Het is oudejaarsavond 1980 en voor de ogen van het betoverde publiek, gedeeltelijk Indiërs, gedeeltelijk westerse reizigers, ontrolt zich een gevarieerd schouwspel met muziek en magie, jongleren en poëzie, diaprojectie en acrobatiek, zang, dans, goochelen en tenslotte de oplating van een metershoge heteluchtballon.

>>>

Venetië
Het eerst zo rustige plekje veranderde in een slagveld. Over het weggetje rolden zware tanks op topsnelheid, bemand met gewapende militairen, richting strand. Grote helicopters cirkelden boven ons hoofd en landden een paar meter van ons af. Vanuit de bossen rondom, mitrailleurgeschut. Straaljagers scheerden over het kamp. Vanuit de zee stoomden grote oorlogsschepen richting vuurtoren, een paar honderd meter van ons vandaan.

Ieme werd schreeuwend wakker en ik vluchtte met hem de tent uit, huilend om de paranoïde ironie van de situatie. Voor mij was het oorlog.

Belgrado
Het is gelukt! Na al het gezeur en geruzie is het ons toch gelukt om een goeie show te maken. Iedereen in de groep heeft erin meegedaan. Ieder op zich is even belangrijk in het geheel...

Gianitsosochorion

Het vliegerfeest is begonnen, “het gaat goed!!” werd er geschreeuwd en met een man of zes hingen we glimmend nat van de regen aan onze tent om hem op de grond te houden.

Teheran

Volgens de mensen die we spreken op straat hebben veel dingen een positieve verandering ondergaan. Zij voelen zich vrijer in hun bewegingen, hebben de mogelijkheid tot vrijuit praten met elkaar, tijdens de Sjah liep je het risico dat je door een familielid verraden kon worden… Het lijkt alsof ze iets in moeten halen. Praten, vragen, praten, vragen, overal…

Pakistan

De weg leidde ons over een enorme pas een andere wereld binnen. Betoverende, tropisch uitziende dorpen, op ligstoelen loom theedrinkende mannen. De woestijn hield op…

Goa

En zoals altijd, achteraf bekeken, gaat de reactie op zoveel gebeurtenissen gepaard met grote vermoeienis en de daarbij behorende irritaties.

Wat de een haat, heeft een ander lief…

>>> Het is een traditie om bij ieder festival of feest een ballon op te laten. Niet voor niets prijkt de naam Amsterdams Ballon Gezelschap op de luchtbus. Men vindt elkaar bij festivals en voorstellingen. Zo onstond b.v. het Amsterdams Dichtercircus, één van de bronnen van het internationaal vermaarde One World Poetry Festival.

De zachte luchtvaart is hun werkterrein; ze houden zich bezig met alles wat zich op niet-motorische wijze door de lucht verplaatst. Variërend van vliegers en ballonnen tot spoken en ethergolven. Vier jaar lang zijn er Midzomer Vliegerfeesten georganiseerd in de vier windstreken rond Amsterdam, en dat werden ware volksfeesten, omdat iedereen kon meedoen met vliegers en ballons. Daarnaast was er altijd een grote groep kunstenaars, die vrijblijvend optrad. Deze openluchtfestivals trokken de meest fantastische mensen aan. Zo heeft zich door de jaren heen een gezelschap van vrienden en vriendinnen gevormd, die het, hoe verschillende, onderling, in één ding eens zijn: er moet feest gevierd worden. Hoe somber de zaken er ook voor mogen staan, hoe grauw de dreiging, er moet een mogelijkheid tot schoonheid en vreugde blijven.

Een mobiele oase in de hel.

Bij Ruigoord plaats vo

Bouwplar

Nieuw Ruigoord plek voor 5000 wonin

Zo de aarde te ontvangen uit de hand van de hemel waaruit
de slang van de vrede zich dansende ontrolt.

een stadje”

gt steun van Schiphol

1981

Kernafval mogelijk naar Ruigoord

HOLLANDITIS

een vergeten ziekte

Ruigoord tien jaar gekraakt

1981. Reagan, een bejaarde filmcowboy is zojuist verkozen tot president van Amerika. Een lesje zal hij de Russen leren, ze het pistool op de borst zetten. Kruisraketten in Europa, gericht op Moskou. Daar dus moet het nucleaire slagveld zich afspelen. Hier zet hij zijn bondgenoten voor het blok.

In Nederland groeit snel een weerzin tegen deze politiek. Uitgeroeid te worden voor het gemak van de Amerikanen, dat niet! Zestig procent van de bevolking wijst de plaatsing af en ruim 400.000 mensen demonstreren in Amsterdam. Een ziekte, vindt de Amerikaanse regering, noemt het Hollanditis. Ook in Duitsland is deze ziekte waargenomen.

Op zeven oktober organiseert het ABG, in het kader van het One World Poetry Festival, een Hollanditis-avond in Paradiso. Met poëzie, toespraken en toneel zal de wil tot overleven worden uitgezaaid. De glansrol van de avond is Dr. Anton Constandse toebedeeld. Hij is een hoogbejaarde anarchist, nog steeds strijdbaar.

“Waarde vrienden,” zo noemt hij het publiek, en met vaste stem tovert hij het ziektebeeld te voorschijn: “de gelaatskleur is meestal rood, soms ook roze, maar tegenwoordig vindt men er ook christelijke schakeringen bij, zoals een beetje geel, lichtpaars, en zelfs zwart. Een epidemie, die om zich heengrijpt, West-Europa dreigt aan te steken. De Amerikanen zijn in de nucleaire bewapening altijd de eersten geweest,” schetst hij, “zowel in uitvindingen als aantallen. Rusland kan de wedloop met moeite bijbenen. Een ‘overkill’ die gemakkelijk 100 miljard mensen kan uitroeien, 25 maal de hele wereldbevolking. Elk ministerie van defensie zou nu een ministerie van genocide moeten heten. Maar de Russen zelf bezwijken bijna onder de last van hun bewapening, hebben graantekorten en heibel met Polen. Moeten die nu West-Europa gaan overnemen?”

“Er moeten bossen komen rond Ruigoord”

En via de Gezangen van Maldoror en uitspraken van Bakoenin en de Franse dichter De Sénancour komt Constandse bij Erasmus, een van de grondleggers van onze cultuur, die zegt: “Waarlijk, bestaat er een onwaardiger slavernij dan die van de soldaat?” Vervolgens citeert hij Spinoza: “Niets is voor een mens van zo groot belang als de medemens.” En in Domela Nieuwenhuis, de gewezen predikant Bart de Ligt en professor Leo Polak openbaart hij andere grondleggers van de Hollanditis.

Constandse besluit met de woorden: “En van Erasmus af tot onze hedendaagse pacifisten is de hollandse cultuur gevormd en geadeld, door vijanden van de oorlog en vrienden van de vrede. En voor dit Holland willen wij leven.”

Stormachtig applaus.

Ruigoords vlakte “magisch” geopend

een behoefte aan bedrijfsterreinen
westelijk havengebied
Congresgangers zetten eerste bolwoning neer
Politie verbrandt hennep Ruigoord
gemeente Halfweg?

Toen ik op een dag in Goa over de heuvel wandelde naar het volgende strand, ergens eind jaren zeventig, zag ik een Hollandse bus, hemelsblauw beschilderd met witte wolken, echt prachtig. Deze “ouwe bak” te rijden van Holland naar Zuid-India moet wel een belevenis zijn geweest, dacht ik. Deze lieden, wie ze ook mogen zijn, hebben een verhaal te vertellen. Uitkijkend naar de dappere reizigers, ontwaarde ik spoedig wat bevriende kunstenaars uit Ruigoord. Het ABG bracht een frisse bries in de eentonig wordende psychedelische routine van volle maansvieringen met LSD en chillums bij zonsondergang of welke tijd van de dag of nacht dan ook. Het ABG introduceerde poëzie, verhalen vertellen, acrobatiek, muziek en magie bij een verrast publiek, en werd het levende bewijs dat stoned en creatief zijn geen tegenstelling vormen.

Stelling Lord Hoedan

Wie tegengas geeft, lucht Hoe Dan Ook op

de Werkelijke loosheid
Een Anti-Boem produktie

Een feestelijke manifestatie ter verwelkoming van de miljoenste arbeidsvrije landgenoot. Het was de bedoeling dat de industriële revolutie de mens van arbeid zou bevrijden. Waarom wordt dan zo'n hetze gevoerd tegen uitkeringsgenieters. Zij zijn de eerste arbeidsvrijen!
Paul Lafarque, schoonzoon van Karl Marx, schreef Het recht op luiheid. Het ABG viert dat recht, arbeid is de vloek van de drinkende klassen, en prikt zo de leugen van "Arbeid maakt vrij" door. Een prominente gast is de geest van John Lennon. Op een vraag van medium Lex Persoon antwoordt Lennon dat vóór het jaar 2000 het geld zal zijn afgeschaft.

1982

Psi-list

Symbool van de nieuwe tijd
einde van de sexenstrijd:

Man en vrouw komen weer samen

Vrienden eventjes niet dringen
hier gebeuren wond're dingen!

De 3-tand van boven
een lichtende Yoni,
de steel en de ballen, een penis erectus

De psi staat voor psilo
en andere krachten,
het lemniscaat voor oneindige kus

De 3-tand van Shiva, de Duvel, Neptunus
leunt steels op de liggende maan

En elke dag
die kosmische lach

why not theater

Je beslist, wat je wilt zijn en wat je wilt zijn, word je ... voor een ogenblik, een uur,
voor de tijd tussen twee volle manen.
Het reisgenootschap van het ABG, in aantal ebbend en vloedend op
het ritme van de maanfasen, besluit om een theatergezelschap te zijn en kijk!,
dat is wat het is.
Op haar best is het ABG niet WAAROM, maar WAAROM NIET?
Mensen ontpoppen zich uit hun cocons als vlinders,
rijden verzaligd op het ABG-aura, zweven in scheppende verrukking.
Onmiddellijke gedaanteverwisseling. Wonderbaarlijke karakters nemen gestalte voor je ogen,
doen een paar ogenschijnlijk potsierlijk passen, of schreeuwen met half-krankzinnig fanatisme of
pakken je onverhoeds met een plotselinge flits van adembenemende schoonheid,
en gaan dan weer op in de schaduwen om opnieuw te verschijnen,
een ogenblik of een week later in een andere vermomming.
WHY NOT? BEWERKSTELLIGT WONDEREN, als het werkt.
Zelfs vlinders moeten door een voorbereidingstijd heen voordat
ze uit hun schulpen barsten in volle vlucht.

1984

JEHANGIR GALLERY BOMBAY De “Action Paanspitting Painting” zorgde voor zodanige opschudding in de pers, dat de Indiase beeldhouwer Ramesh Pateria helemaal uit Rajasthan overkomt om het kunstwerk persoonlijk en definitief aan barrels te snijden. In de pers wordt niet alleen het kabaal weergegeven, maar ook veel waardering geuit voor deze poging tot contact tussen westerse en Indiase kunst.

1985

Why not circus?

Kunst en verandering

Vanaf het begin der tijden heeft de mens naar vernieuwing gestreefd. Verandering en vernieuwing zijn de noodzakelijke tegenhangers van onwrikbare tradities die op den duur tot stagnatie leiden. Uit de geschiedenis kennen wij velerlei revoluties: politieke, religieuze, wetenschappelijke, sociale en culturele. Deze omwentelingen zijn meestal gebaseerd op kritiek jegens de gevestigde orde. Soms worden alternatieven aangedragen, maar zelden wordt een totaal nieuwe en vrije manier van denken en handelen geaccepteerd door de nieuwe machten: alles verandert altijd hetzelfde. De nieuwe waarden zijn meestal even oud als de afgezworen inzichten, en er is eerder sprake van cyclische golfbewegingen dan van essentiële vernieuwingen.

Nieuwe wegen worden alleen ontdekt door ongebonden, originele geesten, kunstenaars en andere “prime movers”, ontdekkingsreizigers. In de eerste helft van de 20ste eeuw, terwijl de westerse samenlevingen verscheurd werden door oorlogen en verwarring, vormden kunstenaars internationale bewegingen als expressionisme, dadaïsme en surrealisme, om een bevrijdende uitingsvorm te vinden temidden van dood en verderf.

Hoewel de problemen waarmee de mensheid nu, aan het einde van het millennium kampt, groter en onoplosbaarder lijken dan ooit, vinden er sinds de jaren zestig nog slechts vruchteloze en marginale artistieke oprispingen plaats. De meer revolutionaire culturele stromingen als de beatcultuur, provo en punk bleven beperkt tot een betrekkelijk kleine groep en werden genegeerd en bestreden door de heersende orde. Conformistische pseudo-kunstenaars voelen zich veilig in een cocon van manipulatie en subsidies en doen weinig anders dan de gangbare meningen reflecteren, als holle vaten, of ze zijn cynische profiteurs geworden.

Kunstenaars die niet in dit systeem willen of kunnen meedraaien, rest weinig anders dan de straat, openlucht festivals, cafés en underground theatertjes om hun publiek te bereiken. Vaak werken zij samen tegen misstanden als racisme, sexisme, oorlog en ongebreideld materialisme. Deze kunstenaars gebruiken hun talent niet in de eerste plaats voor een succesvolle individuele carrière in de “ratrace”, maar bundelen hun krachten om een bewustzijnsverandering te bewerkstelligen, die uiteindelijk tot maatschappelijke vernieuwingen moet leiden.

Er loopt een directe lijn van expressionisme, dadaïsme, surrealisme en de beatgeneratie naar provo, punk en psilisme. Het zijn allemaal geëngageerde culturele bewegingen, die niets te maken willen hebben met de gangbare godsdienst en politiek, maar die vernieuwing zoeken in de ongeconditioneerde verbeelding: “L’imagination au pouvoir.” Door de verbeelding worden onbewuste en verborgen beelden manifest. Beelden verschijnen in het bewustzijn, een innerlijke creatie, die wij vorm en leven kunnen geven met onze wil. “Dada wil de rationalistische leugens vernietigen om de irrationele natuurlijke staat terug te vinden,” zei Hans Arp. De surrealisten stellen dat de mens gevangen zit in de kluisters van logica en intellect, waardoor zijn vrijheid beperkt en zijn verbeeldingskracht vernietigd wordt. In een document uit 1925 van de surrealistische beweging staat: “Het directe doel van surrealisme is niet het veranderen van de fysieke werkelijkheid, maar het stichten van een beweging van geesten. Deze revolutie heeft te maken met de mysteriescholen en de alchemie en de wil om een nieuwe verbeelding scheppen. Wij staan aan de kant van de gekken, extatici, kinderen, zwervers, zigeuners en onderdrukten. Wij zijn voor liefde, wijsheid, vrijheid, humor en vrijgevigheid. Een surrealist knielt voor geen god.”

De surrealistische beweging vond haar voortzetting in de psychedelische revolutie, de herontdekking van de spontaniteit, de klaagzangen over de ecologische vernietiging van de planeet, kritiek op de heersende cultuur, het gebruik van hallucinogene middelen en de herwaardering van het vrouwelijke. De meest effectieve manier om te rebelleren tegen een maatschappij die de levende cultuur nauwelijks een plaats gunt, is zelfvan je leven een poëtische creatie maken. Je bent wat je denkt. Zoals Shelley zei: “Ik leef mijn leven op een fantastische manier en toon zo dat er geen noodzaak is om je te conformeren.”

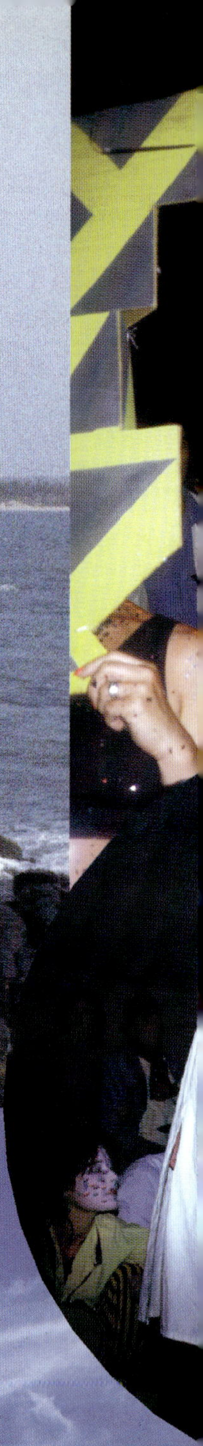

1980 -

Landjuweel

Vroeg-zestiende eeuws festival van de dichterskamers in Vlaanderen om elkaar hun mysterie-spelen te tonen (Joiel (frans) = feest). Term, overgenomen door het ABG om rond de volle maan van augustus met alle vrienden elkaar de nieuwe kunsten te vertonen. Vanaf '85 jaarlijks. Vrij kleinschalig begonnen groeit het, vooral op de Volle Maan-dag, uit tot een door duizenden bezocht feest. In het bijzonder de optochten, na middernacht langs de Beeldenroute, waarbij groepen of eenlingen hun kunst laten zien, brengen laaiende geestdrift. Tot ver na zonsopkomst dansen de mensen en maken muziek.

Honderde
kunstwerke
sieren d
weilande
onder d
rook va
Halfweg

1980

Meeting Europeo dei covi creativi

Kunst in Ruigoord

Comincia la rassengna del nuovo underground

Dalle cantine dell'Europa arriva l'ultima avanguardia

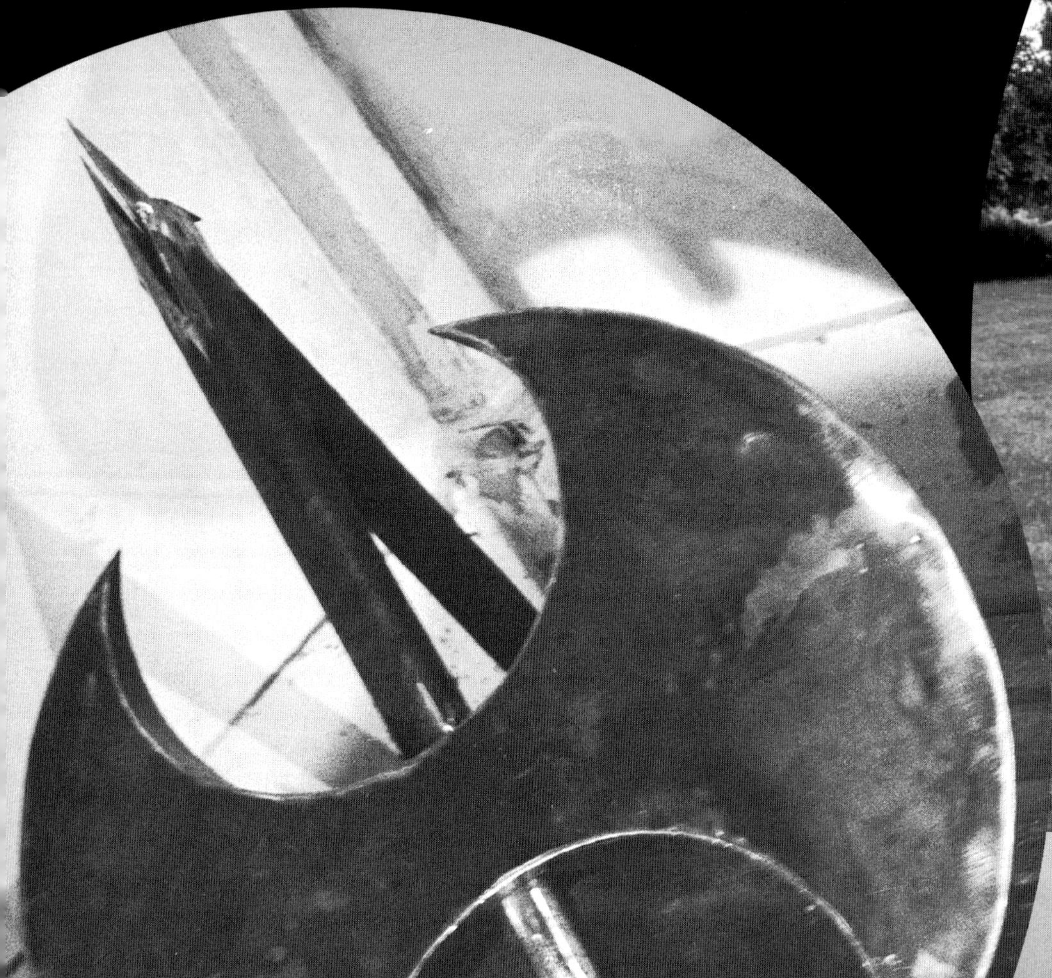

1986

1987

Raad van State buigt

Ruigoord van de

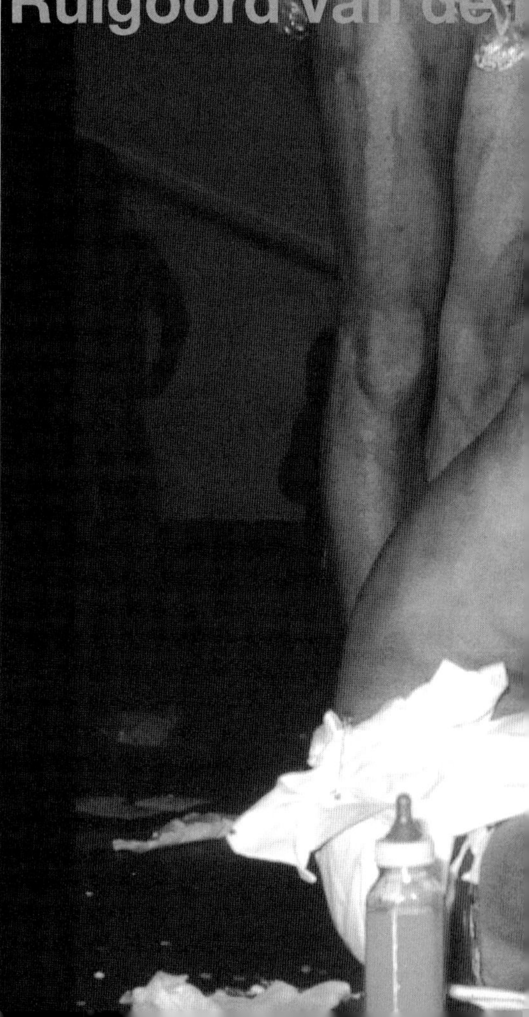

STRAATUNIVERSITEIT

Er is meer kennis dan je weet.
En dan, heeft niet iedereen wat te zeggen?
Vanuit deze deskundologiese visie wiekt het plan op om een Straatuniversiteit te stichten. Want op straat is iedere voorbijganger een mogelijke toehoorder. Van sterrenstelsels tot grondbeginselen speelt alles zich op straat af vandaar deze publieke leerstoel.

Wijsneuzen genoeg, die de overige mensheid streetwise willen maken. Het zachte eitje van de wekker gunt elke spreker de vijf minuten, die Kennis nodig heeft om tot de kern te komen. Want wat je kent dat went.

Vanaf het terras van café De Verboden Vrucht (der Kennis van goed en kwaad) begint de zegetocht van het straatinzicht: of Klaas komt, hoe de appel voortplanting verhindert en het jaar 2000 vóór Christus als spiegel van het jaar 2000 na Christus... Heel veel top van het te meten weten en dat vóór Internet!

Als het ABG in 1987 deelneemt aan de Dokumenta 8 in Kassel doet zij dit onder de titel Freiraum, een Duits begrip uit de architectuur dat omschreven wordt als zijnde een ruimte waar geen gedragsdwang uitgeoefend mag worden. Dat zijn straten, pleinen, speeltuinen, kerkhoven etc. eigenlijk alle openbare ruimtes, maar er is wel degelijk gedragsdwang er zijn verkeersborden en spionnetjes. De vierde dimensie blijkt op straat te liggen. Het ABG maakt onzichtbare kunst en onzichtbaar theater zichtbaar.

FREIRAUM

Kroon verwerpt bezwar

Toch industriegeb

Strand Bloemendaal he

met opgespoten zand R

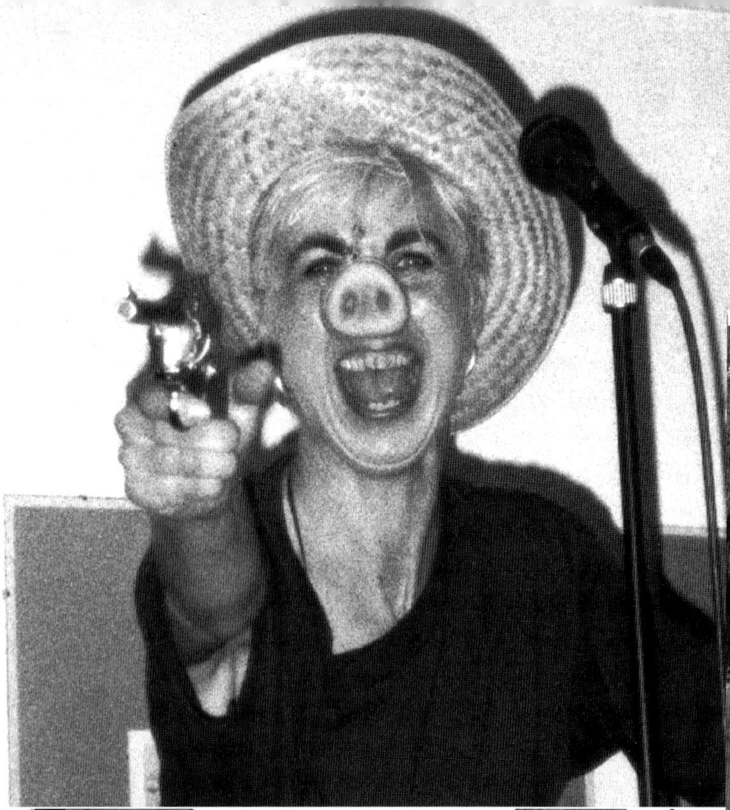

Bos gepland bij Ruigoord

Amsterdamer Kunstrevolutionäre in der Ufa-

"Tannhauser" als bunt-turbulente Multimedia-Show

Amsterdams Ballo

"Tannhauser" in d

gemeente Haarlemmerliede

Internationale rechter op bres voor Ruigoord?

zandvlakte Ruigoord

“High-tech bedrijven met zakenlunches in de kerk”

Ruigoord als ‘Brinkman-model’

Autochtonen en ‘vreemde vogels’ jubileren

Berlijn is culturele hoofdstad in 1988. De UFA nodigt ons uit om een tiental voorstellingen te geven. We kiezen als thema Tannhäuser, de ridder die de kern van de liefde zoekt. Met een lichtdecor en veel blacklight, een wervelend spektakel. Publiek tevreden, kranten ook. Alleen een nijdasserige recensent spreekt van “hippi-bigotterie.” We brengen ook dichters-voordrachten, ‘n beeldendekunst-tentoonstelling en ‘n Midnight Show Gay Special. Tenslotte kunnen we het niet laten om vóór de Reichstag een ritueel ter rehabilitatie van Marinus van der Lubbe te houden.

Vlieg hoog, ouwe ziel!

uche nach dem Urzeitgeist

Lärmend und ungeheuer alternativ

HIPPIE-BIGOTTERIE

lschap spielt
-fabrik

Vrijplaats Ruigoord denkt even terug aan woeliger perioden
Wij krijgen al die vuiligheid van Amsterdam

le Mir-karavaan trekt door Europa

Amsterdam wil grote haven aanleggen

Thijn niet meer welkom in Haarlemmerliede

“Wij zijn als de dood dat Veronica hier op duikt”

RUIGOORD

Reservaat voor oude hippen

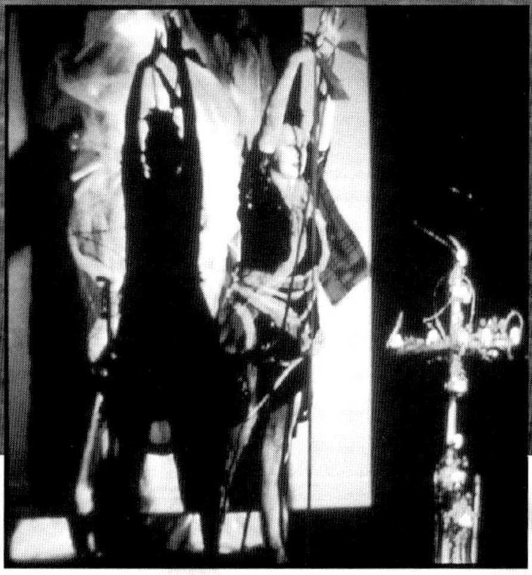

B.G meets K.G.B

Vanuit de tenen van Amsterdam
op, via de wreef, naar de enkel
van Kiel, de kuit langs der kust
naar de knie van Kopenhagen om
neerwaarts over de zee naar
het nog schuchtere, schichtige
vlees van de dijen van Polen
gedwongen maagd door het immense
achterwerk van de sovjetmacht
dan, in de nacht, de bres van Brest
schaamlippen, waarover de bus moet
om verstekelingen te speuren
(en de mammoetpenis van iridium
op de gedenkplaats der Grote Oorlog)
en vervolgens het urenlang
schaamhaar van den en van berk
langs de glooiende schoot van gouden graan
naar de navel van Minsk
oh, uit de nevel omhoog
als priemborsten de uienkoepels
van de kathedraal van Smolensk
om tenslotte langs schouders en hals
het appelronde gezicht van Moskou
te belanden op haar lippen, het Gorkipark…
en dan de treurige terugtocht
of niet? langs de lieflijke ruggegraat
van Kiev, Oekraiense heupen
die uitmonden op de billen van Lvov
de lange benen langs naar Boedapest
(waar juist de rode revolutie vermolmt)
via de vochtige flanken van Duitsland
al postorgasties strelend tot aan
de tenen van Amsterdam

★

“Ach, in het Westen zegt men altijd dat het goed gaat, zelfs al gaat het slecht. Wij in Rusland zeggen altijd dat het slecht gaat, zelfs al gaat het goed…” Al de eerste avond zijn de K.G.B.ers “ontmaskerd” en

omgekocht met koffie en wodka. Tenslotte zijn het ook maar mensen die zich 's nachts graag bij een vuurtje warmen.

Hoewel niemand precies weet of er toestemming voor is, slaan we ons kamp op in Gorky-park, vlakbij de plaats waar de roman De meester en Margarita begint.

“De kommissaris heeft gevraagd of jullie wapens nodig hebben om het kamp te verdedigen. Zo ja, dan stelt hij tien kalasjnikovs beschikbaar aan de leiders van het kamp.”

In 1989 neemt het gezelschap ter bevordering van de ‘perestroika’ deel aan de scandinavische cultuurkaravaan “Next stop Sovjet, Sex stop Not Yet”. Vanaf dat moment zijn er Poolse, Russische, Wit Russische en Baltische kunstenaars op de Landjuwelen in Ruigoord aanwezig.

In Moskou vindt een ontmoeting plaats tussen het ABG en Siberische sjamanen, afgevaardigden van bewoners rond het Baikalmeer. Ze vragen steun om een milieuorganisatie te hulp te komen die zich inzet voor het behoud van het meer.

De “Baikal Cultural Express” vertrekt in 1990 naar Siberië en vervolgens naar Mongolië. Het resultaat van deze wisselwerking beperkt zich niet alleen tot het vestigen van de aandacht op de vervuiling.

Gelukkig werd er smalend gelachen en geroepen: “We hebben geen leiders.”

De nachten in het Trifonoskaya theater behoren tot mijn prettigste herinneringen aan Moskou. Gepassioneerde gesprekken met warme en intelligente mensen, een keur aan experimenteel theater en goedkope wodka die wordt geschonken door een glimlachende Azerbeidjaanse familie.

Langzaam maar zeker merk ik dat ik van dit land, van de mensen ben gaan houden.

Vanwege de groeiende overdaad aan electronisch versterkte muziek en het daarbij behorende consumptieve gedrag tijdens de Landjuwelen besluit de organisatie electra en plastic uit te bannen. Dit heeft invloed, niet alleen op de muziek, ook op de beeldende kunst en de performances. Zelfgemaakte instrumenten en percussie nemen de overhand. Vierentwintig uur klinkt het ritme van honderden trommels en drums, dagen achter elkaar. Op de Beeldenroute verschijnen na neon- en blacklight kunst, vuursculpturen, lichtshows met spiegels en kaarsen en dichters die verstaanbaar zijn bij gratie van de toehoorders die door moeten blijven fietsen om de microfoon van stroom te voorzien. Er is een kinderbeeldenroute, yoga, Tai-chi, Chi Q'ung etc.

Achter in de bosje
bloeien orchideeën

Alleen kleine Afrikahaven toegestaan

Het Ruigoordse kindercircus treedt op

GS verwerpen plan annexatie Ruigo

Afrikahaven kan worden aangelegd

ekomst Ruigoord voor Hof van Europa

Ruigoord vergaat met de haven in zicht

Paradiso toneel voor Ballon Gezelschap

Rosenwinkel

Was het de “Wende”
of de “Sonnenwende”?
Op de Beeldenroute
brachten we de boeren
tot bevrijdend gejoel
Of was het gejubel?
De leeuwerik zong mee

1991

TIBET

In 1991 bezoekt een 50 tal Boerjatse en Mongoolse kunstenaars het Landjuweel. Er worden workshops over boventoonzang, traditionele dans en natuurgeneeskunde gehouden. Vanuit de Baikal Cultural Express ontwikkelt zich ook een kindervakantieprojekt voor de slachtoffertjes van Tjernobyl door de opbrengst van de verkoop van hun tekeningen.

Slangevrouwen uit Siberië

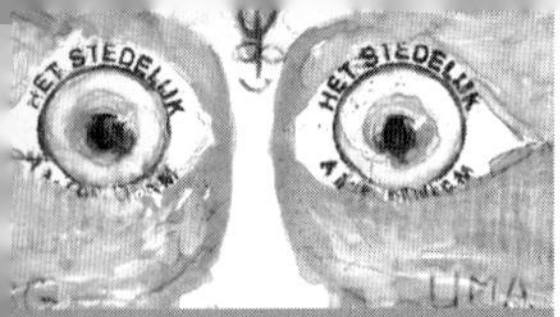

Revolutionair
Ultiem
Individualistisch
Geestdriftig
Oorspronkelijk
Oorlogsmoe
Ruimtelijk
Deskundologisch

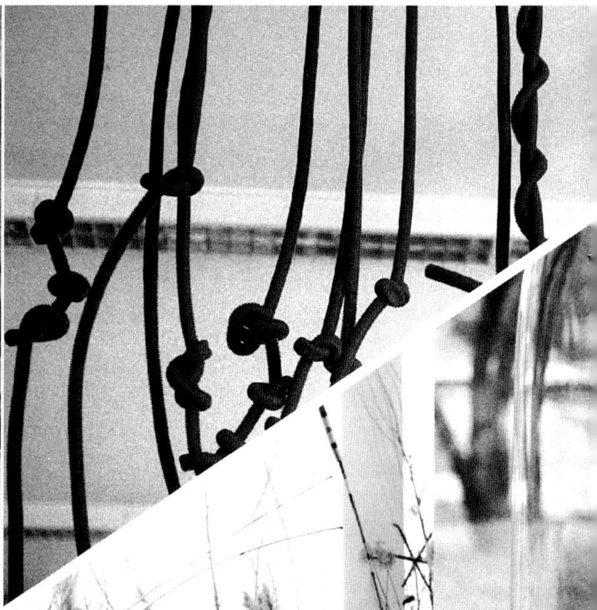

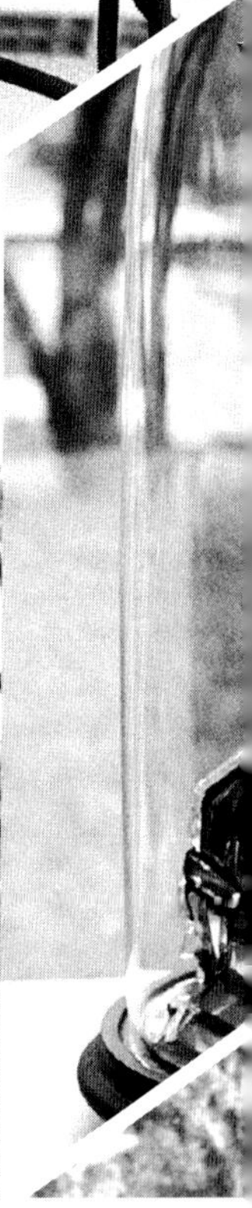

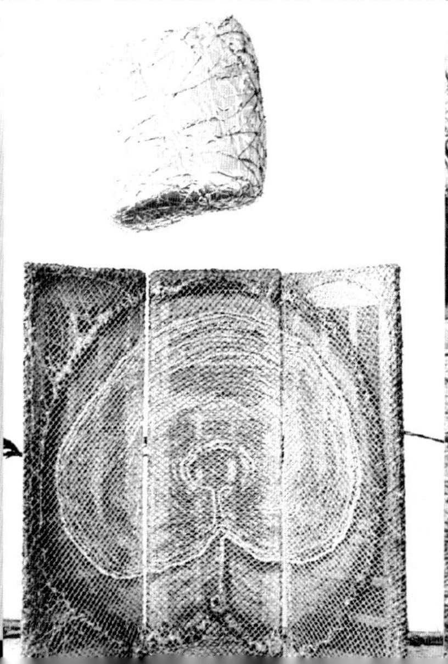

1992

Amerika wordt bewoond door Indianen, Australië door Aborginals, Nieuw Zeeland door Maori. Europa was de rover die de huiselijke rust verstoorde. De invallers bouwden zichzelf een thuis en vieren nu hun 500 jarig verblijf. Ruigoord, een gekraakt dorp in Europa, in solidariteit met de van land verstoken inheemse volkeren op Aarde, biedt hierbij symbolisch zijn gronden aan als een ankerplaats voor positieve krachten, in het kort: als Stomping ground. Wij verklaren Ruigoord Stomping Ground Holland en willen hiermee bijdragen aan de waarde van de culturen van inheemse volkeren.

13

Ruigoords vrijheid is te zien in Stedelijk

De teloorgang van een krakersparadijs

De dagen van Ruigoord lijken geteld

Woonplaats voor wijsgeren

H'liede in verzet bij Raad van State

Amsterdams plan: Ruigoord inlijven

Negentig rode rozen voor Tante Jans in Ruigoord

RUIGOORD alibi onder de rook van Amsterdam

Oorlog om "zandbak" weer ontbrand

Tante Jans (90) heeft gezegd: ons dorp wordt niet afgebroken'

Het wrakhout van bastion

Hoog bezoek wordt stil van Ruigoord

Ruigoord is een gedenkteken

Ruigoord over havenplan en vuilopslag

'Hoofdstad speelt vies spelletje'

Bedreiging van Ruigoord centraal bij Gesamtkunstwerk-

'Schaduw van een droom' in Stedelijk

De haallbare droom van een loofgang of berceau borrelt op in 1992. Langs de omtrek van het voormalige eiland een rand van bomen en daarin een pad of gang,waarlangs de bomen zodanig met snoeien en vlechten zijn bewerkt dat er een overhuivend bladerdak wordt gevormd.

Iedereen kan zich voor f. 10,= over een boompje ontfermen en krijgt dan een fraai bomenadoptiecertificaat van Forest Parents Plan. Duizenden bomen worden besteld, tientallen plannen ontwikkeld om kunstwerken uit de natuur te bewerkstelligen. Een greppeldoolhof, een loofbruidsuite, een pergola, prieëlen, een tombe om weemoedig aan te wenen, een "wortel op wortel", een meiboomnest, een wilgenbol, een zittende moeder-stoel, een kijk-uit-paddestoel.

Op 28 november 1992 wordt de eerstc boom geplant, in de lente van 1993 volgen de anderen. Helaas, de droge zomer en de slechte drainage rond het eiland doen veel boompjes en plannen sneven.

1993

De Australische Aboriginal cultuur baseert zich op het concept van natuurlijke enegiecentra die met elkaar in verbinding staan. Vanuit dit idee vindt er op hetzelfde moment een rituele dans plaats in Ruigoord en Arnhemland, Australië. Nederland en Australië zijn tegenpolen. Tijdens de volle maan van augustus 1993 omsluiten onze in elkaar overvloeiende energieën de aarde in een droomtijdbeleving.

NO NO DRINK
WC
Like the aborigines, host village Ruigoord also under threat
Ruigoord houdt gif al 20 jaar op afstand

Het ABG bivakkeert in het Kasteel van Sint Joris.
De draak (op 36 klompen) legt er een ei in het hol van de leeuw.
Een eeuwenoude mythe krijgt een andere wending.

1994

Amsterdam wil grond voor haven annexeren

'Teruggang natuur politieke keuze'

Oude slibvelden voor grof vuil

RUIGOORD

De meest vrije plek op aarde

Dwaze Plannen Tocht
ode aan gezond verstand burgers

Asterix in Ruigoor

CAPERARTE

ROTA DAS ESCULTURAS - ENCENAÇÃO DE RUA, CAST. DE PERA

Hexagram

01 - Het scheppende
56 - De zwerver
15 - De bescheidenheid
16 - De geestdrift
50 - De spijspot
45 - Het verzamelen
49 - De revolutie
40 - De bevrijding
07 - Het leger
30 - Het zich hechtende
57 - Het zachtmoedige
41 - De vermindering
50 - De spijspot
13 - Gemeenschap met mensen
52 - Het stilhouden
01 - Het scheppende
06 - De strijd
53 - De geleidelijke ontwikkeling
11 - De vrede
10 - Het optreden
64 - Voor de voleinding

Elke
periode wordt geken-
merkt door een bepaalde
hexagram uit de I Tjing.
Wie geïnteresseerd is in de
diepere lagen van het
ballonavontuur raadplege
'Het boek der
veranderingen'.

In gevecht met het grote Amsterdam

Angst voor annexatie door Amsterdam speelt hoofdrol

Ruigoord zal een bedevaartplaats

EEN TREURSPEL WAARVAN HET LAATSTE BEDRIJF NOG NIET IS GESCHR

De kerk van Ruigoord is een culturele vrijhaven waar alles mogelijk is, als het maar die vonk heeft, die scheppingslust welke door iedere open geest of homo ludens wordt herkend.

die orchidee
„Uitbreiden haven totaal overbodig"
Onverwachte bijval voor bewoners Ruigoord
Weer wilde actie in haven Amsterdam

ABSURDOLOGIES
INSTITUUT
POSTBUS

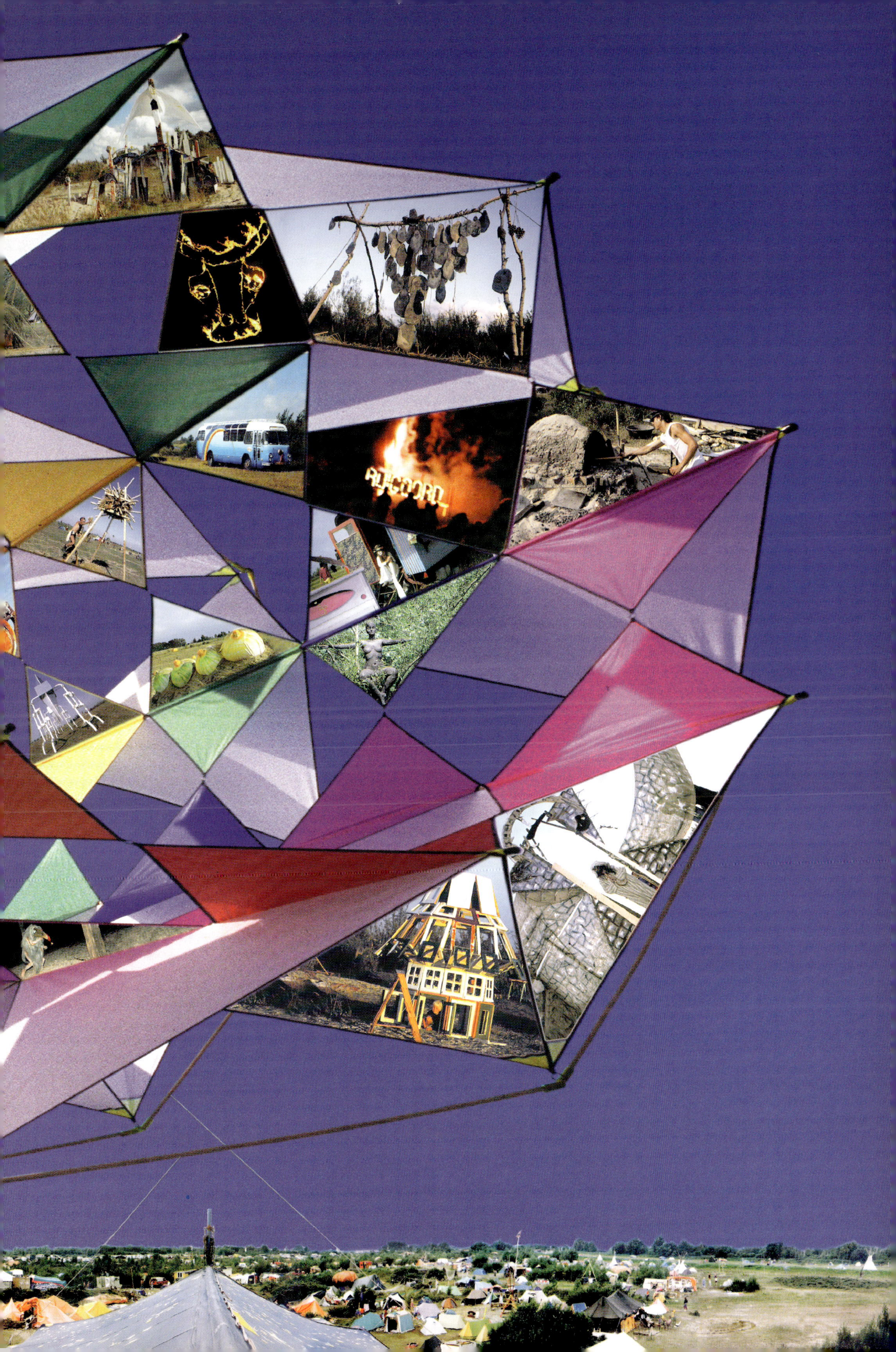

50 jaar na de
Potsdamer Konferenz, die
Europa in twee machtsblokken verdeeld,
vindt in Potsdam het Eutopiafestival plaats. Het kamp
van de ballonvaarders is als environmental kunstwerk deel van de
beeldenroute en opgedragen aan de zigeuners, die als volk nooit
grenzen trokken, nooit een vaderland wilden en nooit oorlog voerden.

1995

Ruigoord moet verdwijnen

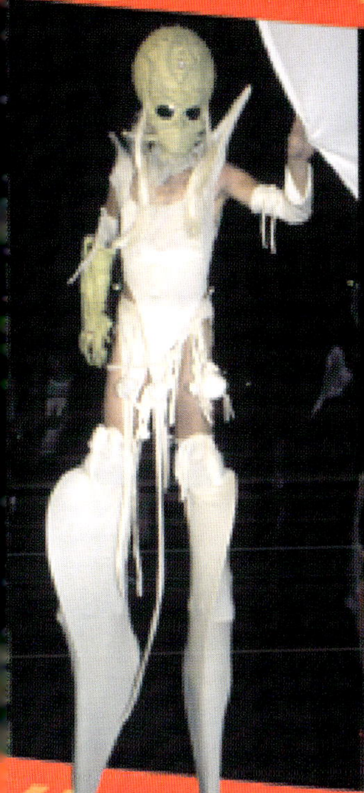

Hexen, Monster und Magiere

MOSTAR

Als je de oceanen wegdenkt
is Mongolië even ver van je
naar oost als naar west

en als je bent in Mongolië
in Ulaan Baatar, is Amsterdam
altijd wel ergens
in oost of in west

hoe ongelukkig de wereld
als deze waarheid er niet is:
een Ulzii in Ulaan Baatar
een Ulzii in Ruigoord

een oneindige knoop als
een spinneweb waarin
de verte spartelt

en je hart is een plas
die de wolken, zeilend
door oneindig blauw
spiegelt

1996

betoverend eiland
bassend, krassend
kwakend, krakend
ruisend, huilend
eiland

zomernacht op het oude veen
met gesloten ogen sta ik
vage stank van schaamstad
verdwijnt onder de geur
van vlier- en lindebloesem
als een lijk onder de sneeuw

tante Jans vertelt
hoe ze als kind haar klompje vulde
uit de sloot wanneer ze de dorst had
minder dan een mensenleven terug
kwam er een einde
aan miljoenen jaren schone Aarde

aan de horizon
bewaakt door grimmige engelen
met vurige zwaarden
raast de horde onverdroten voort
bordurend aan de lijkwade

al die lange eeuwen
zonder elfen feeën nimfen
opeens fluistert de wind
haar naam in de struiken
huivering langs mijn ruggegraat

eensklaps tjirpt een krekel
zachtjes loeit een koe
alles ademt geluk
als in trance sta ik
onder de oude olmen

SINT JUTTEMIS, HET GAT IN DE GODMARKT
Beschermheilige van de Afrikahaven
die voortdurend zal worden gegraven

De vlakte van Ruigoord, in de marge van Amsterdam, is een autonoom centrum. Omdat iedere plek op deze aardbol als centraal gelegen punt gezien kan worden, dit recht is niet voorbehouden aan hoofdsteden, roepen wij door het oprichten van een axis mundi, oftewel wereld-as, het oppervlak van Ruigoord uit tot Global Center. De vlakte van Ruigoord is als cultuurgebied net zo belangrijk als het Magisch Centrum Amsterdam.

Op 16 juli 1997 zetten actievoerders van Groen Front hun actiekamp op bij Ruigoord, vastbesloten om verdere aantasting van het natuurgebied te voorkomen of tenminste te vertragen. De actiemethoden - boomhutten en tunnels - zijn afgekeken van geestverwanten uit Engeland, maar nieuw voor Nederland. Hun uitgangspunten zijn radicaal en spreken niet alleen jongeren aan: vrijwillig en principieel geweldloos verzet maar geen compromissen. Op 23 juli dopen zij hun actiekamp om in Vrijstaat Groenoord met toespraken van levend kunstwerk Fabiola en van Groenoords minister voor licht en luchtvaart en krijgt de hond Amok het eerste paspoort van de vrijstaat uitgereikt. Daarmee wordt duidelijk dat Groenoord bedoeld is als verdediging van de voortzetting van Ruigoord als paradijs voor mensen, dieren en planten.

Met veel creativiteit, maar ook met gevaar voor eigen leven, slagen de Groenoorders erin de voorbereidende werkzaamheden voor de Afrikahaven in ieder geval drie maanden tegen te houden. Maar ook na de ontruiming van het actiekamp op 6 oktober, waarvoor 850 man ME wordt ingezet, weten zij van geen wijken. Met bewonderenswaardig elan komen zij iedere keer weer terug met nieuwe initatieven, zoals het Fort Groenoord, dat als een sprookjeskasteel oprijst uit de kaalgeschoren, kille en modderig vlakte. Na de ontruiming van dit fort op 1 december trekken zij zich terug rond het ‘Behouden Huis’ en wordt hier begonnen met de aanleg van een nieuw bos.

Het is alsof de kabouterbeweging van begin jaren zeventig, na ruim 25 jaar ondergronds te zijn gegaan, zich plotseling weer in verjongde gedaante bovengronds manifesteert. Kabouters en Groenoorders delen een diepe bezorgdheid over de gevolgen van de neo-liberalistische tijdgeest voor het milieu. Zij hechten vooral waarde aan respectvol omgaan met elkaar en met de voortbrengselen van Moeder Aarde. Bovendien valt bij beiden een voorliefde te bespeuren voor speelse, symbolische acties, waarbij woordspelingen en magische rituelen een belangrijke rol vervullen. Kabouters vragen met hun actie Wandelende Tak aandacht voor meer groen in de stad, door zuurstof producerende denneboompjes te planten op het van uitlaatgassen bezwangerde Weteringcircuit. Groenoorders organiseren hun Omkeeractie teneinde de omkeerbare werkzaamheden van het Havenbedrijf om te keren en ons te laten beseffen dat het louter op economische groei gerichte beleid moet worden omgekeerd.

Kabouters en Groenoorders kennen geen autoritaire, maar een open organisatiestructuur, waarin zoveel mogelijk iedereen wordt betrokken bij de besluitvorming, met veel ruimte voor individuele initiatieven. Kabouters bespreken hun zaken tijdens wekelijkse volksvergaderingen en Groenoorders doen dat rond het kampvuur of in de kerk van Ruigoord.

Voorts koesteren beiden een gezond wantrouwen jegens gevestigde politieke partijen. Kabouters richten een eigen partij op en hun ambassadeurs in de gemeenteraad maken zich daar sterk voor wat later groene politiek zal gaan heten. Oranjevrijstaats eerste ambassadeur in het Amsterdamse stadhuis is Roel van Duijn, als pleitbezorger voor het milieu tevens ambassadeur van Ruigoord en Groenoord. Na de laatste verkiezingen keert zijn partij, Amsterdam anders/De Groenen, versterkt terug in de Amsterdamse raad. Een duidelijk signaal, namelijk beloning van de kiezers voor de strijd tegen de Afrikahaven en voor behoud van Ruigoord. >>>

Amsterdam mag Ruigoord inlijven

Fractie De Groenen trotseert bulldozers

Ontruiming Groenoord was weerzinwekkend

B & W: geen referendum over Ruigoord

Kunst moet nieuw fort bij Ruigoord beschermen

>>> Naast opmerkelijke overeenkomsten zijn er ook verschillen, want wat de kabouters niet lukt, krijgen hun opvolgers wèl voor elkaar: een verbond tussen milieu-activisten en havenarbeiders.

Kortom, bij kabouters en Groenoorders gaat het om éénzelfde mentaliteit, om éénzelfde, continue maatschappelijke onderstroom, die zich door het verschil in tijdsgewricht op het eerste gezicht bovengronds verschillend manifesteert maar bij nader inzien toch op een verwante, zij het eigentijdse wijze.

Dat geeft de burger moed.

Ruziënde raad wijst referendum Afrikahaven af

Woede over weigeren referendum

Ruigoorders zetten Patijn en ME te kijk

Raad van State vraagt onderzoek naar naleving milieu-effectrapportage

Europees Hof wikt plan Afrikahaven

GESLAAGDE MUSICAL OVER ONTRUIMING GROENOOI

Luidruchtig requiem Groenoord eindigt in geladen stilte

Gemeente: haven goed voor natuur

Zuid Afrika

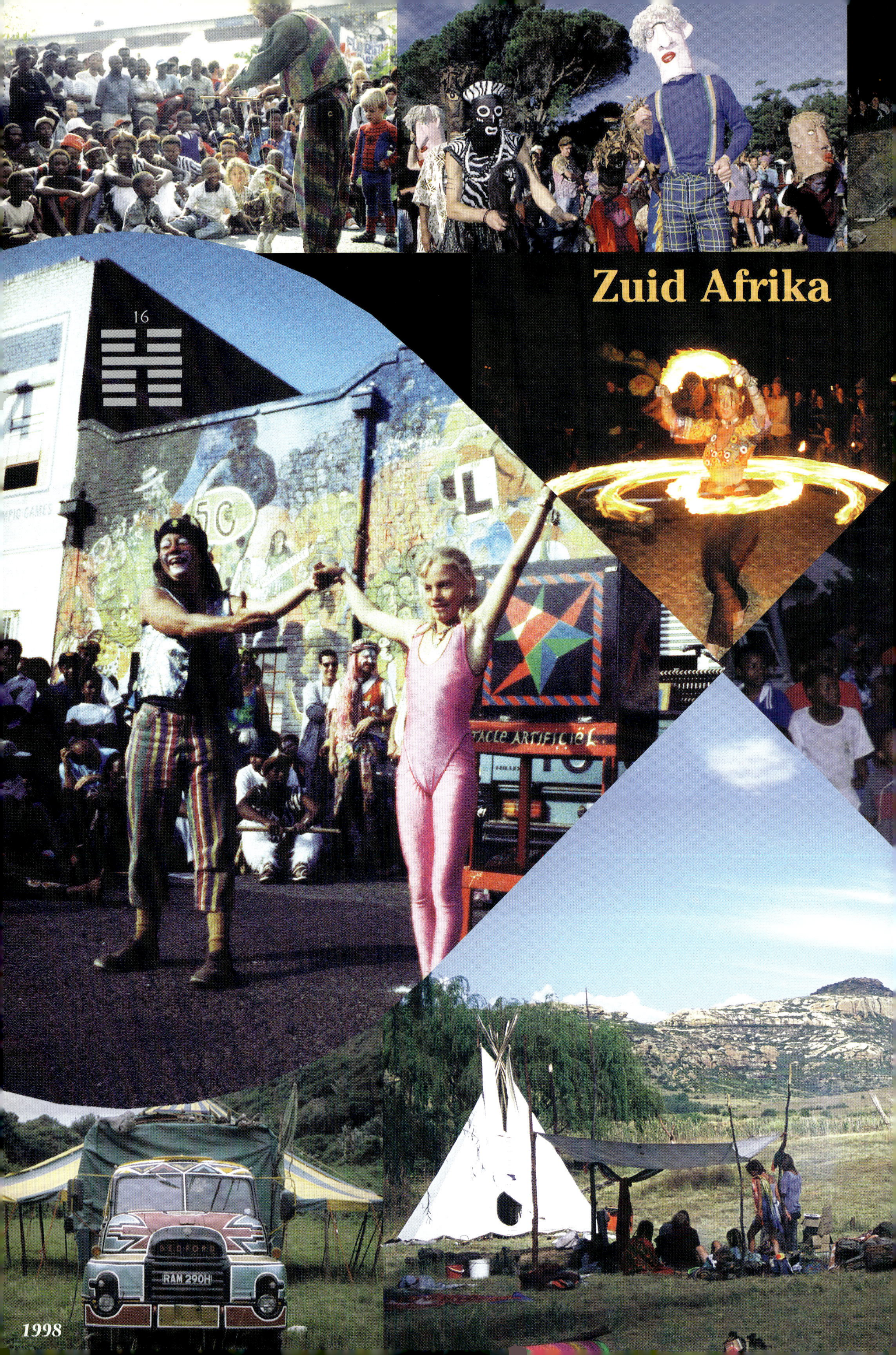

1998

DISTRICT SIX MUSEUMPROJECT

Never again must people be forcibly removed

GroenLinks stemt tegen Afrikahaven

De horoscoop van Ruigoords 25ste verjaardag toont een moeilijk en dreigend beeld. De Zon in Leeuw, het creatieve hart van de dorpsgeest, staat in slecht aspect met zowel Neptunus als Saturnus. Neptunus, onder meer Zeegod, heerst over havens, en zijn oppositie naar de Zon illustreert op grafische wijze de dreiging voor Ruigoord als levende gemeenschap.

Het vierkantsaspect van Saturnus in het aardeteken Stier vanuit het achtste huis toont dat de heersende machten er duidelijk op uit zijn om deze gemeenschap te vernietigen. Bovendien staat de Maan van deze horoscoop onder druk door de oppositie van Uranus, wat erop duidt dat het huiselijk leven in het dorp aan spanning blootstaat en zelfs radicaal kan veranderen.

Toch is de situatie niet zonder hoop. De driehoek van Pluto in Boogschutter naar de Zon laat zien dat het dorp krachtige bondgenoten heeft in de academische wereld en in de media, terwijl de driehoek van Jupiter in Vissen naar de Zon toont dat er ook enorme steun is van milieuverdedigers en grote groepen vrijwilligers. De stand van Uranus op de Jupiter van de horoscoop van 1973 suggereert dat zich misschien een plotselinge en onverwachte meevaller kan voordoen, eventueel op juridisch gebied. Klap op de vuurpijl is de stand van Venus, heerseres van de 25ste verjaardagshoroscoop, hoog in de Midhemel, wat aangeeft dat de creativiteit van het dorp volop bloeit en dat het talent voor publiciteit en media-aandacht onverminderd is.
Een beroep op het grote publiek kan mogelijk een positief resultaat opleveren.

Middenin het meest overbevolkte en aangeharkte land van Europa ligt een prachtig plekje, een overblijfsel van wat ooit het mooie Holland was. Paarden stuiven door de weilanden, orchideeën bloeien, blauwborstjes zingen.

De toekomst is in nevelen gehuld. Op dit ogenblik wordt het ongerepte natuurgebied opengereten door een leger van graafmachines. Met list en bedrog is de industrielobby er met behulp van hun politieke handlangers in geslaagd dit laatste stukje wilde natuur rond de hoofdstad tot lokatie voor gifstort en andere weerzinwekkende activiteiten te bestemmen.
Ruigoord knokt door, gesteund door honderdduizenden sympathisanten en milieuactivisten. Ons motto is en blijft:
Fortuna Favet Fatuis — *het geluk is met de dwazen*

MIDZOMER-
VLIEGERFEEST

LIJST VAN CULTURELE AKTIVITEITEN 1998-1972

1998 aug	Ruigoord	Landjuweel 14 "Ruigoord Global Center"
1998 aug	Ruigoord	"Vierkant achter Ruigoord" Menselijke Cirkel om het dorp
1998 juli	Ruigoord	"Ruigoord 100 seizoenen kulturele vrijplaats", presentatie boek over 25 jaar Ruigoord en het ABG, foto expositie, opening beeldenroute van dorp naar vlakte
1998 juni	Amsterdam	Concertgebouw Wereldkinderfestivsal, i.s.m. st. Act
1998 febr-april	Zuid Afrika	Tournee Kaapstad-Johannesburg (Rustler's Valley), "Why Not Kindercircus" Electric poetrycircus, Kaapstad District Six / Amsterdam
1998	Ruigoord	"Het woord in Ruigoord", maandelijks programma van poëzie en lezingen
1997 dec	Amsterdam	Paradiso, "De reus van Sparewou" Ruigoord-Groenoord ongehavend Jubileumfeest A.B.G "100 seizoenen high"
1997 najaar	Ruigoord	Kunstaktie Fort Groenoord
1997 sept	Ruigoord	Omkeeraktie Ruigoord Afrikahaven.
1997 aug	Ruigoord	Landjuweel 13 "Ruigoord/Groenoord"
1997 juni	Terschelling	"Oerol", "Axis Mundi" Midzomernachtritueel
1997 juni	Ruigoord	Inrichting aktiekamp "Groenoord Vrijstaat"
1997	Ruigoord	"Het woord in Ruigoord" maandelijks programma met poëzie en lezingen waaronder Ruigoordrede 5 door Prof. Dr. Rick vd Ploeg
1996 dec	Amsterdam	Paradiso, "Eindelijk Sint Juttemis" het gat in de godmarkt
1996 aug	Ruigoord	Landjuweel 12, Festival
1996 aug	Ruigoord	Kerk, Mongoliëprojekt, tentoonstelling "Ulan" Batar-Amsterdam-Ulan Batar
1996 juni-aug	Ruigoord	Vlakte, uitbanningsritueel havens door Pima-sjamaan, Earl Ray
1996 juni-aug	Ruigoord	Mongolië Tournee. Stedenspel: "De Gordiaanse Knoop" in Amsterdam, Berlijn, Warschau, Minsk, Moskou, Ulan Bator Expositie Museum voor Schone Kunsten Straattheater, plaatsing tweede Ullzii
1996 juni	Ruigoord	Kerk, India manifestatie Punjabi dichters
1996 mei	Ruigoord	Kerk Mongoliëprojekt, tentoonstelling Amsterdam-Ulan, Bator-Amsterdam Plaatsing eerste Ullzii standbeeld
1996 april	Amsterdam	Oosterpark, "No more Tjernobyl" parade
1996	Ruigoord	"Het woord in Ruigoord", maandelijks programma met poëzie en lezingen waaronder Ruigoordrede 4 door Prof. Dr. Arnold Heertje
1995 dec	Amsterdam	Paradiso, "50 jaar Bom", een feest met uitstraling
1995 sept	Amsterdam	Nieuwmarkt, deelname "Nieuwmarktfestival"
1995 aug	Ruigoord	Landjuweel 11
1995 juli	Duitsland	Potsdam, Buitenlandjuweel "Potsdam Madstop" deelname Eutopia-festival 50 jaar "verdrag van Potsdam" ABG manifestatie opgedragen aan zigeuners
1995	Joegoslavië	Mostar i.s.m. War Child
1995 mei	Spaarndam	De reus van Sparewou
1995	Ruigoord	"Het woord in Ruigoord", waaronder Ruigoordrede 3 door Ir. Marten Bierman
1994 dec	Amsterdam	Paradiso, "Grote Opruiming" met het "Groot Konsumenten Koor"
1994 okt	Amsterdam	Bali, Ruigoord ongehavend
1994 sept	Amsterdam	Deelname "Nieuwmarktfestival"
1994 sept	Zaandam	"Gnot Chaos" dichterscircus.
1994 aug	Ruigoord	Landjuweel 10
1994 juli	Portugal	Castanheira de Peira, Buitenlandjuweel, deelname i.v.m. 80 jarig bestaan gemeente (beeldenroute, straattheater, expositie, etc.)
1994 juni	Portugal	Lissabon, "Castello do Saõ George", "Sint Joris en de Draak" straattheater "Chaos and Delight", dichterscircus Deelname "Lissabon Culturele Hoofdstad van Europa"
1994	Ruigoord	"Het woord in Ruigoord' waaronder ruigoordrede 2 door Prof. Dr. Abram de Swaan
1993 dec	Amsterdam	Paradiso, "Vollemaansfeest" met het "Exotisch Kietsj Konservatorium".
1993 aug-sept	Ruigoord	Landjuweel 9 "Dreamtime Awakening" festival i.s.m. en opgedragen aan de oorspronkelijke inwoners van Australië Opening expositie en festival door de ambassadeur van Australië, Parrallel performance Ruigoord/Arnhem Land Opgenomen in programma VN "jaar van de inheemse volkeren.
1993 maart	Ruigoord	Eerste boom plant actie
1993	Ruigoord	"Het woord in Ruigoord", Ruigoordrede 1 door H.J.A. Hofland
1992 dec	Amsterdam	Paradiso, "De oersprong", lichtspektakel
1992 nov	Ruigoord	"Het Woord in Ruigoord" eerste van een maandelijks programma
1992 okt	Ruigoord	Zegening vlakte door Lama Karta uit Tibet
1992 aug-sept	Ruigoord	Landjuweel 8 "Stomping Ground", festival i.s.m en opgedragen aan de inheemse volkeren in het kader van "De ontdekking van Europa" als reaktie op het Columbusjaar
1992 aug	Ruigoord	Zegening vlakte door Geshe Konchog Lhundup uit Tibet
1992 juli	Polen	Tworylne, natuurgebied, culturele participatie "Rainbow Gathering"
1992 mei-juni	Duitsland	Rosenwinkel, "Nebenstrecke 2", beeldenroute, performances.
1992 febr-maart	Amsterdam	Stedelijk Museum "20 jaar Ruigoord" i.s.m. U.M.A. Tentoonstelling, performances en lezingen over Ruigoord, vrije kulturele ruimtes en de nieuwe vleugel van het SM
1991 dec	Amsterdam	Paradiso, "Intergalakties Oerbal"
1991 aug-sept	Ruigoord	Landjuweel 7, Festival opgedragen aan en i.s.m. Mongoolse, Boerjatse, Estlandse en anderen uit het voormalige Oostblok Beeldenroute, expositie, performances, workshops, kindercircus etc. Zegening vlakte door Lama Damba uit Mongolië
1991 juli	Ruigoord	Universiteit in het Groen
1991 juni	Duitsland	Rosenwinkel, "Nebenstrecke 1", beeldenroute en performances
1991 mei	Ruigoord	Amsterdam, eerste veilingen tekeningen kinderen Tjernobyl voor kuurvakanties, via "Cultural Express"
1991		"Gnot Chaos", diverse voorstellingen in Nederland en België
1990 dec	Amsterdam	Paradiso, "Het Intergalakties Oerfeest", vingeroefeningen voor het jaar 2000, "The Magic Bus"
1990 okt	Duitsland	Berlijn, Tacheles, Eimer, "Eenwording Duitsland" Dichterscircus, Straattheater
1990 aug-sept	Ruigoord	Landjuweel 6, eerste festival zonder elektriciteit, opening beeldenroute i.s.m. Dogtroep.
1990 aug	Mongolië	Ulan Bator, "New Zone", straattheater
1990 juli-aug	U.S.S.R.	Siberië, Mongolië "Baikal Cultural Express"
1990 juli	Duitsland	Berlijn, Potzdammer Platz, "After the Wall Festival" i.s.m. UFA-Fabrik, Licidei, Footsbarn, Dog Troep etc.
1990 juni	B.R.D.	D.D.R., Hongarije, "Gnot chaos" tournee A'dams Dichterscircus
1989 maart	India	Goa, Vagator, Vollemaansshow
1989 dec	Amsterdam	Paradiso, "Back From The USSR Show"
1989 okt	Hongarije	Tournee Dichterscircus, Szeged, Dunasvaros, Budapest, etc.
1998 aug-okt	Ruigoord	Kopenhagen-Warschau-Minsk-Smolensk-Moskou "Next Stop Sovjet Theater Karavaan"
1989 juli-aug	Ruigoord	Landjuweel 5 met deelname van o.a. "Art Cloche", "No Wall", Inferno V, Endre Skarosi etc.
1989 juli	Ruigoord	Internationale Vrouwenweek
1989 mei	Kopenhagen	Christiania, culturele manifestatie "Next Stop Sovjet"
1988 dec	Amsterdam	Paradiso, "Psichotropies Oerfeest", "Tannhauser Show"
1988 dec	Koog a/d Zaan	"Dance Orgasm"
1988 okt	Hongarije	Amsterdams Dichters Circus
1988 aug-sept	Ruigoord	Landjuweel 4, Volle Maan in Vissen festival, beeldenroute etc.
1988 juli	Berlijn	UFA Fabrik, straattheater, beeldenroute, expositie, Tannhäuser Theatershow, Kindercircus etc. Deelname i.h.k.v. Berlijn Kulturele Hoofdstad van Europa
1988 juni	Ruigoord	"Internationale Anarchisten Bijeenkomst", deelname ABG
1988 mei	Hongarije	Eerste ongecensureerde poëzie manifestatie in het voormalige oostblok, "Multialiance", Amsterdams Dichters Circus
1987 nov	Amsterdam	Roxy, "Heelalbal"
1987 sept	Ruigoord	Landjuweel 3 m.m.v. Art Cloche, No Wall, Encyclopedia Psychedelica, etc.
1987 aug	Italië	Bologna, "No wall festival", "D'Art Room 2"
1987 juli	B.R.D.	Kassel, Dokumenta 8, "Freiraum" i.s.m. "Het Getal 0"
1987	R'oord-Utrecht	Oprichting Stichting Landjuweel 2000
1986 okt-nov	Amsterdam	Melkweg, "Lotus Robot", expositie en themashow India
1986 sept-okt	Italië	Bologna, Caserno Rosso, D'Art Room Festival i.s.m. One World Poetry
1986 sept	Ruigoord	Landjuweel 2, eerste nachtelijke beeldenroute.
1986 aug-sept	Ruigoord	Kerk, "Kunst in Ruigoord", expositie, beeldenroute
1986 aug-okt	Amsterdam	"Straatuniversiteit"
1986 juli	Amsterdam	Vondelpark, "One World Poetry" Dichterscircus
1986 maart	India	Goa, Baga, Tannhaüser, openluchttheater
1985 nov	Amsterdam	Melkweg, "Pan opticum" show i.s.m One World Poetry
1985 sept.	Ruigoord	Inzegening vlakte door Lama Gawang uit Tibet
1985 sept	Ruigoord	Eerste Landjuweel
1985 juli	Den Bosch	Kasteel Halder, vliegerfestival
1985 maart	India	Bombay, Jehangir Gallery, "Thank you very Dutch", expositie en performances
1985 maart	India	Goa, Baga, "Dancing through the ages show"
1984 okt	Amsterdam	Stedelijk Museum, "De uitvaart van Lord Hoedan"
1984 herfst	Ruigoord	Eerste Herenherfstwandeling door natuurgebieden in de Benelux
1984 sept	Ruigoord	"Hou je op de vlakte festival"
1984 zomer	Amsterdam	Vondelpark, "Lord Hoedan II"
1984 lente	Amsterdam	Spui Vondelpark Festival of Fools "Lord Hoedan I"
1984 maart	India	Goa, Baga "Big Bang Dada Show"
1983 okt	Amsterdam	"De komst van het psylisme" presentatie van de eerste Psilist
1983 sept	Ruigoord	"Sint Gertrudes Festival" Ruigoord 10 jaar
1983 maart	India	Goa, Baga, "The Egg Epic and the I Ching" Openlucht spektakel
1982 okt	Amsterdam	Melkweg "De Werkelijke Loosheid"
1982 maart	India	Goa, Baga, "Planets Play" Openlucht spektakel
1981 okt	Amsterdam	Paradiso, "Hollanditis" theatershow i.s.m. one world poetry
1981 juni	Ruigoord	Kali-show, midzomernachtfestival
1980-1981	India	Nieuwjaars Ritueel in Kali tempel, meer van Pushkar
1980	India	Hanumantempel, oprichting "Why Not Theater" kindercircus.
1979	Ruigoord	-India, via Yougoslavië, Griekenland, Turkije, Iran, Pakistan
1979 mei	Ruigoord	Kerk,opnamen film "Cha Cha" Herbert H.A. Curiël sr.
1979 april	Ruigoord	Vertrek India
1978 okt	Boxtel	De kleine aarde
1978 sept	Ruigoord	Reis naar Penzance, Footsbarnfestival
1978 zomer	Almere	Vierde vliegerfeest
1978 febr	Amsterdam	Stedelijk Museum, Keerkring, De Verschrikkelijke Sneeuwvrouw
1977 okt	Ruigoord	Amsterdam-Berlijn, Deskundologiese Ekskursie
1977	Amsterdam	Bijlmermeer, vliegerfeest i.s.m. Stedelijk Museum
1977 juni	Amsterdam	Paradiso, Volksopera
1977 jan	Amsterdam	Stedelijk Museum, "Kijkdoos" i.s.m. Keerkring en U.M.A.
1976	Ruigoord	De Verschrikkelijke Sneeuwvrouw
1976	Ruigoord-	Marokko Reis en performances
1976	Den Bosch	Kruithuis "Kijkdoos"
1976 juni	Amsterdam	Florapark, Midzomervliegerfeest i.s.m Mass-Moving en Radio Stad.
1975	Amsterdam	Oprichting Commitee 2000
1975 juli	Parijs	Eerste reis met bus naar Theatre du Soleil in Parijs
1975 juni	Ruigoord	Eerste vliegerfeest i.s.m. Dogtroep
1974 juni	Ruigoord	Midzomerfeest
1974 april	Ruigoord	Filmimplosie
1974 maart	Ruigoord	Eerste Ruigoordplan bewoners
1973 aug	Ruigoord	Eerste dorpseest, i.s.m Kindercircus Elleboog en ABG
1973 juli	Ruigoord	Kunstenaarskraak Ruigoord Sleuteloverdracht Kerk
1973 febr-juli	Ruigoord	Voorbereiding kraak
1973 jan	Amsterdam	Marokko, "meridiaanperformance"
1972 11 nov	Amsterdam	Café De Brug Oprichting Amsterdams Ballon Gezelschap

DIK WOLKENDEK
T WORDT WERKELYK SPANNEND, NIET WAAR KYKLEZERS EN LEESKYKERS IS DIK DE NIEUWE MESSIAS, IS WOLKENDEK DE NEO VERLOSSER?
ZO, JY BENT DUS VOORSPELD, THAT'S OKÉ, NO? IK WIL DIE HEILIGE VROUW OOK WEL EENS ZIEN, ER IS EEN NYPEND GEBREK AAN HEILIGE VROUWEN EN HELDEN!
HET STAAT ANDERS OP JE T-SHIRT!
IK BEN GEEN HELD HOOR!
VROUWEN-GEK!
HELD
IK DACHT DAT DAAR HELP STOND
ONZE VRIENDEN KOMEN BIJ DE KERK WAAR EEN GROOT FEEST PLAATS VINDT MET VEEL HONDEN
ACHTER DE BAR IS EEN GEHEIME TRAP DIE NAAR DE INGEWANDEN VAN HET HEILIGDOM LEIDT
A VERY FAVOURABLE DAY FOR HEROS THE STARS SAY
TJEETJE!!
TEGENWIND DOET
IN DE KELDER ZITTEN DE BEWONERS VAN HET LIEFLIJKE PITTORESKE DORPJE TE WACHTEN OP EEN WONDER
HY IZZUT! HY IZZUT! IK SCHRYF AL JAREN OVER HEM, EEN HELD, PRECIES WAT WY NODIG HEBBEN! WELKOM, KOMT U VOOR DE RUIGOORD REDE?
IS ER REDE IN RUIGOORD?
NEE, IK KOM VOOR ENE GERTRUDE
SINT GERTRUDE!
I TSING
GOOIEN
DE STERREN WICHELEN
MEDITEREN
FENG SHUI
HANDLEZEN
TAROT LEGGEN
GROEPSTHERAPIE
VERGADEREN
SEANCES
OPKRIKKEN DIE HANDEL
DE KAART TREKKEN
ER ONSTAAT ENIG MENINGSVERSCHIL OVER DE METHODE HOE DE HEILIGE DAME TE BEREIKEN....
MEN BESLUIT DE LEGENDARIESE TANTE JANS IN EEN SEANCE OM RAAD TE VRAGEN
ZYN JULLIE EINDELYK RELIGIEUS GEWORDEN? SINT GERTRUDE WOONT 3e DEUR RECHTS, HI, HI
MOET IK DAAR ALLEEN NAAR TOE?
JA DIK, HET IS NIET ANDERS JY BENT TENSLOTTE DE HELD!
SINT GERTRUDE GEDIPLOMEERD HEILIGE BESCHERMVROUWE DER RATTEN
DAG, JOCHIE, MYN WOLKENVENTJE, IK ZIT HIER AL EEUWEN OP JE TE WACHTEN, HEERLYK GEIL HOGEDRUKMANNETJE KOM IN MYN WARME ARMEN OH, MYN VERRUKKELYK WEERLICHTJE, DOKTER MAAR EENS LEKKER IN MIJ..
KOM, KLEINE ER IS GEEN TYD TE VERLIEZEN!
WAT IK EIGENLYK ZOU WILLEN IS RUIGOORD BEVRYDEN...
NATUURLYK! DE RATTENKONING! HARRY!
TOT UW ORDERS VROUWE!
WAAR KEN IK DAT GEZICHT VAN?
DE RATTENKONING ROEPT ALLE RATTEN OP ZICH TE GOED TE DOEN AAN DE HAVENWERKEN
AMSTERDAMSE HAVENWERKEN
EN DE ME
ALLE SCHEPEN ZYN DOOR HUN RATTEN VERLATEN, SIR. HOE WETEN WE NOU OF WE ZINKEN?
GEEN FATSOENLYK SCHIP WIL DAAR ZYN RATTEN KWYTRAKEN. WE MOETEN DE HAVEN VAN RUIGOORD OP DE ZWARTE LYST ZETTEN!
OOST WEST THUIS BEST
ONS POLDERMODEL DREIGT ONDER TE LOPEN, FRITS. EERST SCHIPHOL EN NU RUIGOORD OP DE ZWARTE LYST
DEMPEN MET ASIELZOEKERS